마흔과 오십 사이

마흔과 오십 사이

인생길을 바꾸는 논어 30수

최종엽 지음

유노
북스

불혹 지천명
不惑 知天命

오래된 미래
《논어》로 찾는 삶의 기준

두 번 사는 삶이 아니기에, 가지 않은 길이 더 아름다워 보여도 가던 길을 멈추고 다른 길을 선택하기란 현실적으로 쉽지 않습니다. 그러니 따라가는 삶이 더 빠르고 밀려가는 삶이 더 쉬워다 그렇게 사는 줄 알았습니다.

하지만 살아 보니 따라가는 삶이 더 더디고 답답하고 지루하다는 것을, 밀려가는 삶이 더 정신없고 위태롭고 구속당한다는 것을 알게 되었습니다. 끌고 가는 삶이 힘들기는 하지만 더 자유롭고 행복하다는 것을, 밀고 가는 삶이 바쁘기는 하지만 더 선명하고 재미있다는 것을 알게 되었습니다.

배울 만큼 배웠으나 삶의 기준이 자주 흔들렸습니다. 들을 만큼 들었으나 무엇이 중요한지를 가늠하기 어려웠습니다. 열심히 살았다 자부하지만 그것은 제 생각이었습니다. 내 나이만큼이라도 바른 삶의 기준을 가지고 있으면 좋으련만 그것도 아니었습니다. 자신도 믿기 어려운 그 기준을 가족이라는 이름으로, 선배라는 이름으로 다른 이에게 말하기는 더욱 쉽지 않았습니다.

잘 살고 싶었지만 저 잘난 맛에 그간 수많은 조언을 흘려들었습니다. 듣고 또 들었지만 그저 스쳐 지나가는 바람이었습니다. 그러니 많이 듣느냐, 많이 읽느냐, 누구에게 듣느냐, 언제 듣느냐가 중요한 게 아니었습니다. 한 권의 책을 읽어도, 한 사람의 강연을 들어도, 마음이 중요함을 알게 되었습니다. 어떤 마음으로 임하느냐가 더 중요하다는 것을 낡은 《논어》를 반복해 읽으면서 알게 되었습니다.

인생의 중심
마흔과 오십 사이

밥벌이의 고단함 속에서, 뼈를 갈아 넣어도 더 많은 것을 요구하는 현실이지만 그 누구도 그저 밀려가는 대로 살기를 원하지는 않습니다. 방황하며 흔들리고 싶지도, 미움 속에 외로움을 견디며 살고 싶지도 않습니다. 그래서 누구나 나름의 기준을 세우고 살아갑니다. 10대에는 부모가 그 기준이 되고, 20대에는 젊음이, 30대에는 사랑이 기준이 됩니다. 40대에는 일이, 50대에는 기여가, 60대에는 인정이, 70대에는 건강이, 그리고 80대에는 어른으로서의 지혜가 삶의 기준이 될 수 있습니다.

마흔과 오십 사이. 인생의 중간쯤에 서서 지금까지 잘 살아왔는지, 앞으로 어떻게 살아갈지를 잠시 자문해 봅니다. 마흔과 오십 사이는 단순한 중간 지점이 아니라 인생의 새로운 장을 열어가는 중요한 시점이기에 그렇습니다. 더 나은, 더 멋진 청출어람 인생을 위해 나를 돌아보고 단단하게 다듬어 나갈 때입니다. 이때 우리에게 필요한 것이 있다면 그것은 자신을 더 깊이 이해하고, 일과 관계를 새롭게 정립해 흔들림 없는 삶의 기준을 확인해보는 것입니다.

흘러가는 대로 살고 싶지 않다면, 나 자신이 내 삶의 주인이 되어야 하며 스스로 일어설 수 있는 내면의 근력을 키워야 합니다.

방황하며 흔들리고 싶지 않다면, 내가 하는 일의 주인이 되어흔들림 없이 앞으로 나아가는 힘을 키워야 합니다.

외롭게 살고 싶지 않다면, 관계의 근력을 강화해 다른 사람들과 함께 살아가는 힘을 키워야 합니다.

그 과정에 《논어》는 빛나는 길잡이가 될 수 있습니다. 《논어》를 통해 자신의 삶에서 주체적인 기준을 세우는 방법, 일에서 흔들림 없이 나아가는 태도, 그리고 사람들과 더불어 행복해지는 길을 배울 수 있습니다. 삶과 일, 그리고 관계는 서로 깊이 얽혀 있습니다. 나 자신을 단단히 다잡고 일에서 흔들림 없이 앞으로 나아가며 관계 속에서 진정한 행복을 찾을 수 있는 지혜를 《논어》에서 얻을 수 있습니다.

《논어》에 담긴 삶의 선명한 기준

마음이 혼란하고 갈피를 잡기가 어려울 때 찾아갈 곳이 있거나 따뜻한 조언을 해 주는 사람이 있다면 정말 다행한 일이 아닐 수 없습니다. 나를 다잡아 주는 내 인생의 한 문장을 간직하고 있는 것도 큰 힘이 되곤 합니다. 《논어》의 이 어구가 저에게는 그렇습니다.

공자께서 말씀하셨다.
본성은 서로 비슷하지만 반복에 따라 서로 멀어진다.
子曰 性相近也 習相遠也
자왈 성상근야 습상원야

그 어떤 조건도 달지 않고 단지 꾸준하게 반복하는 것만으로도 멋진 결과를 만들어 낼 수 있다는 이 어구는 부족한 저에게

늘 큰 힘이 되었습니다. 특히 흔들리고 답답할 때 앞으로 나가는 힘이 되었습니다. 반복이 모든 조건을 수렴한다고 하니 잘하든 못하든 꾸준히 하고만 있다면 현실적인 제약이나 조건은 더는 문제되지 않습니다. 반복으로 인해 오늘은 어제보다 낫고, 내일은 오늘보다 나아진다면 이보다 더 큰 희망은 사치일 것입니다.

누구나 최소 한 가지는 잘할 수 있습니다. 아버지가 부자인 사람은 가난한 사람보다 조금 더 빠르게 성취할 수는 있어도 그건 시간의 문제지 가능 불가능의 문제는 아닙니다. 누구나 여러 가지를 잘하기는 어려워도 한 가지는 더 잘할 수 있는 열쇠는 바로 반복에 있습니다. 어떤 일이든 잘 알면 좋아하기 쉽고 좋아하면 잘하게 됩니다. 일을 잘하면 오래 하기가 쉽고 어떤 일이든 오래 하면 최고가 될 수 있습니다.

먼지 쌓인 낡은 《논어》에 삶의 선명한 기준이 들어 있습니다. 세상을 관통하는 원칙은 복잡하지 않았습니다. 내가 주인이 되어 다른 사람들과 함께 잘 살아가는 것이 바람직한 삶입니다. 복잡하고 어려운 듯 보여도 《논어》의 가르침은 간단했습니다. 몸과 마음을 닦아 자기를 먼저 세우고 이를 바탕으로 다른 사람을 인도하고 교화하면서 이끌어 가는 리더를 키우는 게 《논어》의 목적이었습니다.

현재에 집중하려면 마음을 사로잡을 과제가 필요합니다. 그렇지 않으면 소소한 일과 불필요한 일들에 휘말리게 됩니다. 우리의 목표는 용기이고, 그 용기의 또 다른 이름은 집중입니다. 집중을 통해 진정한 자신을 발견하고 원하는 바에 더 다가설 수 있습니다. 용기를 내어 집중하는 것이 가장 가치 있는 길입니다. 이 또한 공자의 말입니다.

처음 살아 보는 삶은 누구나 서툴지 않을 수 없습니다. 청출어람 인생을 위해 마흔과 오십 사이에 놓쳐서는 안 될 책이 있다면 《논어》만큼 매력적인 책도 드물 것입니다. 2,500년을 내려오면서 《논어》만큼 일관성을 가지고 많은 사람에게 삶의 기준이 되었던 책도 많지 않습니다. 《논어》만큼 솔직하고 직설적으로 인생살이에 대해 알려 주는 책도 드물 것입니다.

여기 30개의 《논어》 어구로도 복잡하고 어렵게만 느꼈던 《논어》를 명쾌하게 설명할 수 있습니다. 흔들리는 인생에 중심을 잡아 주는 앵커를 만날 수 있습니다. 시대를 관통해 우리의 인생에 영향을 주고 있는 동양 최고의 인문 고전인 《논어》의 정수를 만나게 됩니다. 지금까지 많은 이가 그랬던 것처럼 삶의 기준을 단단하게 잡아 주는 《논어》의 힘을 함께 느낄 수 있으면 좋겠습니다.

차 례

 길을 닦아라
밀려가는 대로 살고 싶지 않다면

2장 일을 궁리하라
갈팡질팡 헤매며 살고 싶지 않다면

3장 입장을 바꿔라
홀로 쓸쓸하게 살고 싶지 않다면

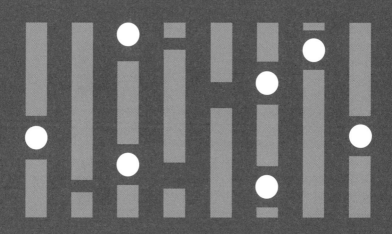

1장

길을 닦아라

—————

밀려가는 대로 살고 싶지 않다면

사람들은 때때로 외부의 상황이나 타인의 기대에 이끌려 삶이 자신과는 상관없이 흘러가는 듯한 기분을 느끼곤 합니다. 그러다 보면 무기력해지고 삶의 방향마저 놓치게 됩니다. 그렇게 살고 싶지 않다면 나 자신이 내 삶의 주인이 되어야 합니다. 이때 필요한 게 바로 흔들리지 않는 내면의 힘, 내 삶의 중심을 굳건히 잡아 주는 기준입니다. 《논어》가 제시하는 10가지 가르침은 내 삶을 단단하게 지탱해 주는 초석이 될 것입니다.

삼부지
三不知

세 가지를 알아야
스스로 일어설 수 있다

　자공(子貢)은 공자의 수많은 제자 가운데 다섯 손가락 안에 드는 영민한 제자였습니다. 공자가 죽을 때까지 믿고 의지했던 그가 한번은 스승에게 이렇게 투정을 부린 적이 있습니다. 이 이야기는《논어》가 아닌《순자》라는 책에 등장합니다.

　"스승님, 저는 이제 배움에 지쳤습니다. 쉬면서 군주나 섬
　기고 싶습니다."
　이에 공자께서 말씀하셨다.
　"군주를 섬기는 것은 어려운 일인데, 군주를 섬기면서 어떻

게 쉴 수 있다는 말이냐?"

그러자 자공이 말했다.

"그렇다면 쉬면서 부모님이나 모시고 싶습니다."

이에 공자께서 말씀하셨다.

"부모를 모시는 것은 어려운 일인데, 부모를 모시면서 어떻게 쉴 수 있다는 말이냐?"

그러자 자공이 말했다.

"그렇다면 쉬면서 처자와 함께 지내고 싶습니다."

이에 공자께서 말씀하셨다.

"처자를 먹여 살리는 것은 쉬운 일이 아닌데, 처자와 함께 지내면서 어떻게 쉴 수 있다는 말이냐?"

그러자 자공이 말했다.

"그렇다면 쉬면서 친구들과 함께 지내고 싶습니다."

이에 공자께서 말씀하셨다.

"친구들과 함께 잘 지내는 일도 쉬운 게 아닌데, 친구들과 함께 지내면서 어떻게 쉴 수 있다는 말이냐?"

그러자 자공이 말했다.

"그렇다면 쉬면서 농사나 짓고 싶습니다."

이에 공자께서 말씀하셨다.

"농사를 짓는 일이 어려운데, 농사를 지으면서 어떻게 쉴 수 있다는 말이냐?"

그러자 자공이 한숨을 쉬며 말했다.

"그렇다면 저는 쉴 곳이 없다는 말씀인가요?"

이에 공자께서 말씀하셨다.

"저 언덕에 있는 무덤의 봉분을 바라보아라. 높이 우뚝하고 그릇을 엎어 놓은 것 같구나. 저곳을 보면 쉴 곳을 알 수가 있을 것이다."

그러자 자공이 말했다.

"위대하도다. 죽음이여, 군자도 쉬게 되고 소인도 쉬게 되는구나."

세상에 그 어떤 일도 설렁설렁하면서 좋은 결과를 만들 수 없다는 공자의 가르침입니다. 지구별 여행을 마치면 많은 이가 그토록 원하던 쉼을 영원히 가질 수 있기에, 살아가는 동안에는 열심히 해야 한다는 현실주의자 공자의 가르침을 자공은 단번에 알아들었습니다.

학생은 공부가 제일 어렵기에 공부에 지치고, 정치하는 사람은 정치가 제일 어렵기에 정치에 지칩니다. 부모를 모시는 자식은 부모를 모시는 일만큼 어려운 일이 없고, 가족을 먹여 살리는 가장은 그것만큼 고단한 일이 없음을 매일 느끼고 있습니다. 친구와 좋은 관계를 유지하는 일도 만만치 않으며, 농사나 짓겠다고 땅을 찾아간 사람들도 35도 불볕더위에 후회하곤 합니다.

2,500년 전에도 지금도, 세상 그 어디에도 쉬운 일은 없습니다. 그러니 김훈 작가도 "아, 밥벌이의 지겨움! 우리는 다들 끌어안고 울고 싶다"라고 말한 것 같습니다.

두 번 사는 삶이 아니기에 사람들은 더 잘 살고자 합니다. 아니 잘 살아 내고자 합니다. 가지 않은 길이 더 아름다워 보이기에 가던 길을 멈추고 다른 길을 기웃거리거나 다른 사람들의 인생을 기웃거리곤 합니다.

'좀 더 쉽게 갈 수는 없을까?'

'좀 더 안전하게 갈 수는 없을까?'

'다른 사람은 어려운 그 길을 잘도 가는데, 나에게도 그런 행운이 오지 않을까?'

아, 밥벌이의 고단함. 누군가를 부여잡고 울고 싶을 때가 정말 많습니다. 2,500년 전 공자에게 질문을 던진 자공의 마음이 그러했을 것입니다. 쉽지 않은 인생을 살아가면서 스스로 일어서고자 노력하는 수많은 사람의 마음이 그와 별반 다르지 않을 것 같습니다.

《논어》의 마지막 문장에서 얻는 인생의 단서

말 없는 무덤을 가리키며 제자에게 가르침을 준 공자의 은유에서도 삶의 깊은 지혜를 얻을 수 있지만 《논어》의 대미를 장식

하는 마지막 문장에서 우리는 좀 더 구체적인 인생의 힌트를 얻을 수 있습니다.

공자께서 말씀하셨다.
명을 알지 못하면 군자가 될 수 없다. 예를 알지 못하면 일어설 수 없다. 말을 알지 못하면 사람을 알 수 없다.
子曰 不知命 無以爲君子也 不知禮 無以立也 不知言 無以知人也
자왈 부지명 무이위군자야 부지례 무이립야 부지언 무이지인야

《논어》 〈요왈〉 3장

공자의 제자들이 《논어》라는 책을 만들면서 마지막 문장으로 공자의 어떤 말을 채용했는지 보면 《논어》에서 강조하고 싶은 게 무엇이었는지를 가늠해 볼 수 있습니다. 저자는 책의 첫 문장과 마지막 문장에 매우 신중하기 때문입니다. 특히 마지막 문장은 책장을 모두 덮은 후 오랫동안 기억에 남을 만한 한 문장으로 기술되는 경우가 많습니다. 《논어》 역시 마지막 문장을 보면 《논어》가 쓰인 목적을 금방 알게 됩니다.

"명을 알지 못하면 군자가 될 수 없고, 예를 알지 못하면 일어설 수 없으며, 말을 알지 못하면 사람을 알 수 없다"라고 강조했

습니다. 우리가 인생을 더 잘 살고 싶다면, 아니 잘 살아 내고 싶다면, 가지 않은 길에 대한 후회를 줄이고 싶다면, 다른 사람의 인생을 기웃거리고 싶지 않다면, 밥벌이의 고단함에서 벗어나고 싶다면, 스스로 일어서고자 한다면, 그래서 가정과 조직과 사회를 이끌어 가는 리더로 서고자 한다면 《논어》의 마지막 어구에서 모범 답안을 얻을 수 있습니다. 공자는 이 삼부지(三不知) 장에서 명료하게 그 세 가지를 들었습니다.

'부지명(不知命)'

명(命)은 목숨, 생명을 의미합니다. 살아 있음을 의식하면서 살아감을 말합니다. 어제와 같은 오늘, 오늘과 같은 내일을 그저 그렇게 살아가고 있다면 그건 '삶' 혹은 '나'를 의식하면서 사는 삶이 아닐 수 있습니다. 단지 주어지고 던져진 삶을 살아 내고 있을 뿐입니다.

내가 나를, 내가 나의 생명을, 내가 나의 삶의 의미를 알지 못한다면 그건 살아도 살아 있는 삶이라 하기 어렵습니다. 물론 이를 장자나 노자의 삶의 방식이라고 핑계 댈 수는 있어도 당장 오늘을 살아가는 가장의 삶이나 리더의 삶으로는 문제가 있음이 분명합니다.

그러니 명은 생명을 넘어 소명, 천명, 목표, 꿈, 비전이라 부를 수 있습니다. 나를 세우는 힘은 여기로부터 시작됩니다. 일을 세우는 힘 또한 이것으로부터 시작됩니다. 사람들과 함께 잘 살아가는 힘 역시도 분명한 뜻으로부터 시작됩니다.

꼭 분명한 목표나 명확한 목적이 있어야만 스스로 일어설 수 있는 건 아니지만, 그것은 우리의 삶에 힘을 불어넣는 에너지임에 틀림이 없습니다. 자동차를 움직이게 하는 전기 배터리나 휘발유처럼 그것은 나를 움직이게 하는 강력한 연료임에 틀림이 없습니다.

명을 알지 못하면 군자나 리더다운 리더가 될 수 없습니다. 군자나 리더로 서기 전에 자기 스스로조차 설 수 없습니다. 그러니 리더가 아니더라도 스스로 일어서고 싶다면 가장 먼저 점검해봐야 할 일이 바로 우리의 목적과 목표입니다. 부지명(不知命)을 지명(知命)으로 바꾸어야 하기 때문입니다.

'부지례(不知禮)'

예(禮)를 알지 못하면 일어설 수 없습니다. 혼자 산다면 예는 크게 필요치 않습니다. 그냥 자기 마음대로 살아도 됩니다. 하지만 둘 이상이 모여 산다면 예는 필수 조건입니다. 예는 자동차의 윤활유와 같습니다. 예는 온기가 흐르는 부드러운 관계를 만드는 윤활유와 같습니다. 냉정한 가족, 차가운 사회가 되려면 '눈에는 눈 이에는 이'면 됩니다. 더도 덜도 아닌 기계 같은 관계가 될 것입니다. 그러나 훈훈한 가족, 따뜻한 사회가 되려면 '미소에는 미소 배려에는 배려'의 마음으로 자신을 낮추고 상대를 높이는 예가 필요합니다.

그래서 인사, 공손한 말과 행동, 태도, 도덕, 규범, 법규, 헌법과 같은 것이 만들어졌으며 혼례(결혼식), 장례(장례식), 제례(제사 지내는 절차)와 같은 것을 편리하게 규정해 놓은 것입니다. 그러니 아무리 목표와 비전, 천명이 분명하다 해도 함께 살아가는 사람들과의 예를 제대로 알지 못한다면 우리 사회에서 일어설 수 없게 되는 것입니다.

일을 풀어 가는 실력도 중요하지만 관계를 풀어 가는 예의 역량이 떨어진다면 결과는 보나마나입니다. 단지 내가 편하다는 이유로, 나만 편하면 된다는 이유로 공동의 예를 무시한다면 상호 간의 배려는 무시되고 신뢰는 바닥을 드러내 아주 작은 행동에도 마음이 깨지는 날카롭고 무서운 세상이 될 것입니다. 다른 사람의 도움 없이 살아가기 어려운 게 사람입니다. 예는 그 도움과 배려를 유지할 수 있는 가장 저렴한 도구임에 틀림이 없습니다.

'부지언(不知言)'

말을 알지 못하면 사람을 알 수 없습니다. 그의 말을 알아듣지 못하면 그 사람의 속을 알 길이 막막합니다. 중국어를 모른다면 중국인의 말을 알아듣지 못하는 게 당연하지만, 문제는 우리끼리 우리말로 해도 말귀를 못 알아듣는 경우가 많습니다.

그 사람을 알 수 없으면 그와는 아무것도 할 수 없습니다. 시간이 아무리 흘러도 그는 남에 불과합니다. 그를 도와주기도, 그에게 도움을 받기도 어렵습니다. 그런 경우는 드물지만 그가 만약 가족이라면 이는 너무 불행한 일이 아닐 수 없습니다. 그가 만약 함께 일하는 조직의 일원이라면 이는 절망적일 수 있습니다. 그가 만약 조직의 리더라면 이는 치명적일 수 있습니다.

내가 오롯이 내 인생만을 사는 것처럼 보여도 실은 함께 살아가는 것입니다. 말은 서로를 이어 주는 생명선입니다. 어떤 이유에서든 말을 정확하게 알아듣지 못한다면 관계는 물론 생명을 빼앗거나 빼앗길 수 있을 정도로 치명적입니다. 말을 알지 못하면 사람을 알 수 없을 뿐만 아니라 그 어떤 약속도 그와는 불가합니다.

지혜로운 사람이 되기 위해서는 사람을 제대로 알아야 한다고 했습니다. 상대를 제대로 알기 위해서 가장 먼저 필요한 게 있다면 그것은 상대의 말을 제대로 듣고 제대로 이해하는 힘입니다. 공자는 마흔에 그런 사람이 되었기에 이를 '불혹(不惑)'이라 했습니다.

상대의 말을 들으려면 내 생각을 잠시 멈추어야 합니다. 내 생각이 가득하면 그의 말이 들어올 자리가 부족합니다. 그의 말이 들어오지 않으면 그를 알 수 없습니다. 한 사람으로 인해 내 삶이 송두리째 바뀔 수도 있습니다. 그 한 사람으로 인해 희망의 미래 혹은 불행한 미래가 올 수도 있기 때문입니다.

　밥벌이의 지겨움, 밥벌이의 고단함을 이겨 내고 조금 더 원하는 삶으로의 시작에 《논어》의 마지막 문장은 큰 의미가 있습니다. 지금 인생의 시계가 어디를 가리키건 인생의 목표나 목적을 다시 한번 점검해 보라 합니다. 사람들의 도움을 얻기 위해서라도 관계를 더 부드럽게 해 주는 예를 점검해 보라 합니다. 관계의 시작과 끝은 말에 있다 합니다. 상대의 말을 제대로 듣기 위해서는 나를 조금 더 내려야 합니다. 이를 통해 적지 않은 사람들이 어려움을 이겨 내고 스스로 일어섰기 때문입니다.

습상원야
習相遠也

인생을 바꾸려거든
무엇을 반복할지 보라

    누구나 마음이 혼란하고 갈피 잡기 어려울 때가 있습니다. 그럴 때마다 찾아갈 곳이 있다는 것, 그럴 때마다 한마디씩 조언해 주는 사람이 있다는 것은 너무도 고마운 일입니다. 혹시 어렵고 흔들릴 때 자신을 다잡아 주는 인생의 한 문장을 간직하고 있다면 이 또한 좋은 일이 아닐 수 없습니다. 주문처럼 가끔 중얼거리기도 하고 시간이 나면 종이 위에 써 보기도 하면서 마음을 다잡아 가는, 그런 내 인생의 한 문장을 준비한다면 마음의 갈피를 잡을 때 큰 도움이 됩니다.

공자께서 말씀하셨다.

본성은 서로 비슷하지만 반복에 따라 서로 멀어진다.

子曰 性相近也 習相遠也

자왈 성상근야 습상원야

《논어》〈양화〉 2장

개인적으로 《논어》의 이 문장을 제 인생의 한 문장으로 생각하고 있습니다. 최근에도 어느 독자로부터 책에 사인을 요청받아 이 문장 여덟 글자를 써 드렸습니다. '사람의 본성이나 천성은 서로 비슷하지만 반복과 꾸준함에 따라 서로 멀어진다'는 의미입니다. 사람은 누구나 비슷하게 태어나지만 무엇을 반복적으로 하느냐에 따라 점점 다른 길을 가게 된다는, 매우 평범한 말이지만 매우 의미심장한 어구라 생각하기 때문입니다. 《논어》에는 이런 간명한 어구가 많습니다. 특히 여덟 글자로 간단하지만 그 뜻이 명확한 어구가 여럿 있습니다. 이 어구도 그중 하나입니다.

의기소침(意氣銷沈)이라는 말이 있습니다. 이는 意(뜻 의), 氣(기운 기), 銷(녹일 소), 沈(가라앉을 침)으로 '의지를 잃고 기운이 빠져 침울한 상태'를 말합니다. 사람은 누구나 의기소침할 때가 가끔 있습니다. 하루에도 몇 번씩 의욕이 꺾일 때도 있기는 하지만 잘나갈 때나 못 나갈 때나 크게 다르지 않습니다.

어떤 사람은 자신의 의지로 그런 상태를 이겨 내려 하고, 어떤 사람은 습관적 행동으로 그런 상태를 벗어나려 합니다. 강한 의지로 이겨 낼 수 있다면 다행이지만 말처럼 만만하지 않습니다. 몇 번은 가능하겠지만 매번 의지만으로 꺾인 마음을 바로 세우는 것은 너무 어려운 일입니다. 어려운 일은 반복하기가 쉽지 않기 때문이기도 합니다.

그래서 어떤 사람들은 긍정의 루틴을 만듭니다. 반복하는 행동으로 패턴을 만드는 것입니다. 어디든 매일 반복해서 밟고 걷는 곳은 길이 됩니다. 처음에는 혼자 걷지만 길이 되면 사람들이 그 길을 따라 걷기 시작합니다. 시간이 지나면서 굽었던 길이 곧은 길이 되기도 하고 좁았던 길이 넓은 길이 되기도 합니다.

인생길도 그와 다르지 않습니다. 매일매일 출근하면서 길을 만듭니다. 매일 논과 밭으로 가면 농부의 길이 만들어지고, 강과 바다로 가면 어부의 길이 만들어집니다. 매일 시장으로 가면 상인의 길이 만들어지고, 제련소로 가면 철(鐵)인의 길이 만들어집니다. 반도체 회사로 출근하면 반도체 전문가가 되기 쉽고, 인사팀으로 부서를 배치받으면 인사 전문가가 되기 쉽고, 영업을 오랫동안 하면 영업의 달인이 되기가 쉽습니다.

아는데, 다 아는데 그게 말처럼 쉽지 않습니다. 농부도 어부도 상인도 철인도, 반도체 전문가도 인사 전문가도 영업 전문가도 꾸준히만 하면 된다는 걸 모르는 게 아닌데 그게 쉽지 않습니다.

매일 같은 길을 걷다 보면 의기소침해질 때가 한두 번이 아닙니다. 로버트 프로스트의 시를 읽어 보지 않더라도 가지 않은 길이 더 아름다워 보일 때가 너무 많습니다.

그런데 문제는 가지 않은 길을 가지 못했다는 것보다 이미 가고 있던 길을 자꾸 멈추는 데 있습니다. 멈추는 것은 그래도 괜찮습니다. 문제는 이미 왔던 길을 포기하고 다른 길을 선택하는 데 있습니다. 한 번 두 번은 이겨 낼 수 있어도 그게 반복되면 이제 더 이상의 길이 없다는 것입니다. 그것은 2,500년 전이나 지금이나 마찬가지입니다.

《논어》의 첫 문장에 담긴
인생을 결정짓는 열쇠

성(性)은 태어날(生) 때부터 가지고 있는 마음(心)입니다. '사람의 본성, 천성'을 말합니다. 사람은 태어날 때부터 선하다고 주장한 맹자와 사람은 태어날 때부터 악하다고 주장한 순자가 있었지만, 그 전에 살았던 공자는 사람은 누구나 그 천성과 본성이 크게 다르지 않다고 했습니다. 자라면서 어떤 풍속을 갖는가 어떤 습관을 갖는가에 따라 전혀 다른 사람이 되는 바, 그 반복(習)을 강조했을 뿐입니다. 인간의 본성은 서로 비슷하지만 일본에서 태어나면 일본어를 사용하는 일본 사람이 되고 한국에서 태어나면 한글을 사용하는 우리나라 사람이 되는 것입니다.

性相近也 習相遠也

성상근야 습상원야

우리의 삶에 정말 성공이 있다면 그것은 그 사람의 천성도 본성도 IQ도 학력도 키도 생김새도 아버지의 돈도 빛나는 직장도 직업도 아닌, 매일매일 무엇을 꾸준히 반복적으로 했는가에 달려 있다는 저 《논어》의 말이 맞는다면 그것은 우리 모두에게 새로운 희망이 아닐 수 없습니다.

From now on. 지금부터 시작하면 된다니까. 키가 작아도 IQ가 낮아도 학력이 마음에 들지 않아도 못생겨도 유산이 없어도 빛나는 직장에 다니지 않아도 그 어떤 직업이어도 지금부터 꾸준하게만 반복적으로만 하면 된다니까. 그러면 성취할 수 있다니까. 춘추 시대에도 삼국 시대에도 조선 시대에도 그리고 지금도 적지 않은 사람이 이를 증명해 대고 있으니 더욱 그렇습니다.

지금 내가 이렇게 살아가는 것은 다른 이유를 달기 전에 매일 아침 일어나서 반복했던 그 반복의 산물이지, 천성 때문도 본성 때문도 학력 때문도 직업 때문도 아버지의 돈 때문도 아닙니다. 3년 후 혹은 5년 후 지금보다 더 나은 삶을 살아가든 더 못한 삶을 살아가든 그것 역시 천성 때문도 본성 때문도 학력 때문도 직업 때문도 아버지의 돈 때문도 아닙니다.

그래서인지 《논어》의 첫 번째 문장에도 습(習)이 등장합니다.

《논어》는 배움과 습으로 시작됩니다. 공자의 제자들이 《논어》라는 책을 만들 때 학습의 즐거움을 그 첫 번째로 들었습니다. 공자가 학습을 가장 중요한 덕목으로 삼았음을 제자들이 인정하는 대목입니다. 비록 비천하게 태어난 공자였지만 결국 동양 최고의 성인이 된 바탕에는 누구보다도 학습을 좋아했던 그의 성품이 있었음을 제자들이 기억했다는 것을 의미합니다.

배우고 때때로 익히면 이 또한 기쁘지 아니한가?

學而時習之不亦說乎

학이시습지불역열호

《논어》〈학이〉1장

공자는 열다섯에 배움에 뜻을 둔 후 《춘추》라는 역사서를 쓰고 일흔이 넘어 죽을 때까지 인생을 학습으로 시작해서 학습으로 맺었다고 해도 과언이 아닙니다. 서른 즈음부터 제자들을 가르치기 시작해 평생을 배움과 가르침 속에서 보냈습니다. 옛것을 익혀 새로운 것을 알아내어 이 세상 스승의 본보기를 보여 준 최상의 학생이자 최고의 교육자였습니다.

배움과 반복을 통해 익히는 학습은 군자(리더)가 되기 위해서도 군자(리더)가 된 다음에도 꾸준히 해야 할 일입니다. 배움을 통해 지자(知者)가 되는 과정도 기쁜 일이며 그 학습의 결과로 자신이 원하는 일을 성취할 수 있기에 이 또한 즐거운 일이 아닐 수 없습니다.

　보통 사람들에게 '습'은 희망입니다. 미래입니다. 어떤 일을 오늘부터 반복하면 오늘이 가장 바닥이기에 그렇습니다. 내일은 오늘보다 조금 더 나아지기 때문입니다. 성공은 내가 만드는 게 아니라 시간이 만드는 것입니다. 누구나 성공자가 될 수 있지만 모두 성공자가 되지 못하는 건 반복으로 축적되는 시간의 크기가 다르기 때문입니다.

　누구나 최소 한 가지는 잘할 수 있습니다. 사람의 본성과 천성은 서로 비슷하기 때문입니다. 크게 성공한 사람도 성공과는 거리가 먼 보통 사람도 그 시작은 다르지 않기 때문입니다. 다름을 만들어 내는 건 반복이기 때문입니다. 물론 아버지가 부자인 사람은 아버지가 가난한 사람보다 조금 더 빠르게 성취할 수는 있어도 그건 시간의 문제지 가능 불가능의 문제는 아닙니다. 열악한 환경을 금방 극복하기는 현실적으로 어려운 일이지만 불가능한 일은 결코 아니기 때문입니다. 그것은 시간의 문제이고 꾸준함의 문제이기에 그렇습니다. 여러 가지를 잘하기는 어려워도 누구나 한 가지는 더 잘할 수 있습니다. 그 열쇠는 바로 반복에 있습니다.

호지자
好之者

좋아하는 자는
이기기 어렵다

습상원야(習相遠也), 반복이 점점 더 멀게 합니다. 반복이 인생을 성공적으로 만들고 꾸준함이 인생의 격차를 만드는 기반이 됩니다. 그런데 그 반복이 어렵습니다. 꾸준함이 쉽지 않습니다. 그게 쉬운 일이라면 2,500년 전부터 무슨 이유로 그렇게 강조했겠습니까? 오랫동안 하면 잘할 수 있고 어떤 일이든 잘하면 성공할 수 있다는 것을 우리는 이미 알고 있습니다. 그 원리를 몰라 못하는 게 아닙니다. 꾸준히 하기가 쉽지 않기 때문에 못하는 것입니다. 그런데 그 문제의 모범 답안을 공자께서는 이렇게 말했습니다.

공자께서 말씀하셨다.

그것을 아는 사람은 그것을 좋아하는 사람만 못하고 그것을 좋아하는 사람은 그것을 즐기는 사람만 못하다.

子曰 知之者不如好之者 好之者不如樂之者

자왈 지지자불여호지자 호지자불여락지자

《논어》〈옹야〉 18장

세상에 준비 없이 되는 건 없습니다. 돈이 되는 일이나 가치 있는 일은 더욱 그렇습니다. 차를 운전하려면 운전하는 방법과 공공의 교통 법칙을 알아야 하며 운전 면허증을 취득해야만 비로소 가능해집니다. 바리스타로 취업하려면 커피를 공부하고 커피 만드는 방법을 익히며 자격증을 따야 가능해집니다. 운전을 위해 면허증을 취득하고, 바리스타를 위해 자격증을 따도록 노력하는 게 바로 그것을 아는 사람이 되는 첫 단계입니다.

잘 아는 사람, 즉 지지자(知之者)가 되려고 하는 이유는 그게 쓸모가 있기 때문입니다. 운전은 빠르고 자유롭게 이동할 수 있는 편리함이, 바리스타 자격증은 일을 얻을 수 있는 쓸모가 있기에 공부하는 것입니다.

인생을 살면서 다른 사람에게 손 벌리지 않거나 꿀리지 않으려면 경제적 독립이 먼저입니다. 의식주를 스스로 해결하려면 먼저 지지자가 되어야 합니다. 새로운 직업을 잡고 새로운 일을 시작하는 건 결코 만만하지 않습니다. 그러니 지지자의 길은 지난합니다.

초등, 중등, 고등, 대학 과정을 거치는 동안 즐거움보다는 고단함과 경쟁에 정신 차리기가 어려웠습니다. 시간이 갈수록 이 기본적인 의식주를 해결하는 게 여간 고단한 일이 아님을 알게 됩니다. 학생은 학생이라 고단하고, 취업에 성공해도 실패해도 고단하기는 마찬가지입니다.

싫어하는 과목을 거부하기도 어렵고 좋아하는 과목만 집중하기도 어려운 함정에 빠져 힘든 시간을 보냈습니다. 그러니 대학도 전공도 취업도 사업도 만만한 게 없습니다. 열심히는 했으나 그게 최선은 아니었음을 인생을 어느 정도 살아 보면 알게 됩니다. 어쩌다 보니 지금 여기에 다다른 자신을 발견하게 됩니다. '이게 과연 최선이었을까'라는 생각이 듭니다.

그런데 만약 좋아하는 일을 할 수 있었다면 지금 여기보다 더 좋았을 것이라는 생각이 듭니다. 좋아하는 일은 같은 시간을 해도 그 고단함이 훨씬 덜하기도 하고, 좋아하면 더 집중할 수 있고 집중하면 더 좋은 결과를 만들어 낼 수도 있지 않았을까요? 좋아하는 일을 하면 오래 할 수 있고, 오래 하면 더 잘하게 되기 때문입니다. 그 후회는 예나 지금이나 다르지 않았음이 분명합니다.

《논어》에도 이게 그대로 기록되었습니다. '知之者不如好之者' 그것을 아는 사람도 그것을 좋아하는 사람보다 못하다고요. 아무리 속속들이 잘 알고 있어도 그것을 좋아해서 하는 사람을 당해 내기가 어렵다는 말입니다.

그럼 어떻게 해야 좋아하는 일을 하게 될까요? 어떤 일이든 잘 알아야 그 일을 좋아하게 되기가 쉽습니다. 좋아하면 잘하게 됩니다. 운전을 잘하면 운전을 좋아하게 되기가 쉽습니다. 커피를 잘 내리면 바리스타 일을 좋아하게 됩니다. 물론 운전을 잘한다고 모두 운전하는 일을 좋아하는 것도, 커피를 잘 내린다고 모두 바리스타 일을 좋아하는 것도 아닙니다.

하지만 일을 잘하면 오래 하기가 쉽습니다. 일을 좋아해도 오래 하기가 쉽습니다. 일을 잘하면서 일을 좋아하기까지 한다면 오래 하기가 더 쉽습니다. 어떤 일이든 오래 하면 최고가 될 수 있습니다. 그러니 일을 잘하는 것도 좋은 일이지만 좋아하면서 잘하는 것은 더욱 좋은 일입니다.

알수록 좋아할수록 즐길수록 삶이 깊어진다

문제는 좋아하는 일을 찾기가 쉽지 않다는 데 있습니다. 그래서 그 시작은 지지자에 있습니다. 많은 사람이 지지자로 시작합니다. 그래서 어렸을 때는 피아노도 쳐 보고 공놀이도 해 보는 것입니다. 웅변도 해 보고 달리기도 해 보는 것입니다. 산수도

해 보고 그림도 그려 보는 것입니다. 그래서 성인이 되어서는 운전도 해 보고 바리스타도 해 보는 것입니다. 시도 써 보고 노래도 불러 보는 것입니다.

세간에는 좋아하는 일을 찾는 데 시간 소비하지 말고 지금 하는 일을 목숨을 걸 정도로 열심히 하라는 조언도 많습니다. 초기 학습과 부단한 연습을 통해 잘하게 되었다고 해서 그 일이 좋아지는 것은 다른 문제입니다. 힘줄이 터지는 고통과 맹렬한 노력을 통해 그 분야의 최고가 되어 경제적으로 많은 부를 이루었는데 전혀 행복하지도 좋아지지도 않는 경우도 적지 않습니다. 그러니 그 분야에서 돈을 많이 벌고 일찍 은퇴하여 다른 일을 하는 경우도 많습니다.

정말 좋아하는 일을 한다면 수입에 따라 움직이는 일은 자주 일어나지 않게 됩니다. 그러면 그 일을 더 오랫동안 할 수 있게 됩니다. 물론 더 많은 수입을 마다하기는 어렵지만 수입이 그 일을 바꾸게 하지는 않습니다. 돈보다 더 큰 행복과 의미가 있을 테니까요.

우리가 정말 인생을 전반과 후반으로 나눌 수 있다면 이렇게 해 보고 싶습니다. 인생 전반은 주어진 환경에 따라 살아가는 겁니다. 주어진 시스템을 벗어나기가 어렵기에 고단하지만 열심히 살아갑니다. 그러니 꼭 좋아하는 공부가 아니더라도 열심히 해 보고, 좋아하는 직업이나 일이 아니더라도 최선을 다하며 살아갑니다. 많은 사람이 그렇게 살아가듯 말입니다. 지지자가 우리 인생을 멋지게 만들어 주는 최고의 수단인 것처럼 말입니다.

그러나 인생 후반은 주어진 환경에서 벗어나 좋아하는 일을 하면서 살아가는 겁니다. 주어진 시스템을 벗어나기가 어렵고 고단하지만 그래도 좋아하는 일을 하려는 마음을 가지고 열심히 살아 봅니다. 가능하면 좋아하는 일로 최선을 다하며 살아갑니다. 어제까지 우리가 살아온 길이 아닌 도전의 길을 걸어가 보는 것입니다. 지지자(知之者)가 아닌 호지자(好之者)의 삶을 살아 보는 겁니다.

많은 사람이 그 길을 선택하는 것은 아니지만 분명 더 행복하고 의미 깊은 삶의 길이 될 것이기에 그렇습니다. 출중한 능력과 노력으로 한 분야의 최고가 되어 충분한 부를 일군 뒤 은퇴하여 인생을 즐기는 사람들의 삶도 멋지고 훌륭합니다. 하지만 평범한 능력에 보통의 노력으로 인생 전반전을 큰 무리 없이 마친 사람이 충분한 부가 담보된 것은 아니지만 인생 후반전에 좋아하는 일을 하면서 행복하게 살아가는 삶도 훌륭한 삶이라 할 수 있습니다.

공자께서 그런 삶을 살았습니다. 공자는 스스로 "내가 사는 작은 마을에 나보다 성실한 사람은 많이 있지만 나보다 공부하기를 좋아하는 사람은 없다"라고 자신 있게 말한 적이 있습니다. 공자는 호학(好學), 배우기를 좋아했습니다. 공자는 지지자가 되었습니다. 열다섯에 학문에 뜻을 두어 서른에 일어섰습니다. 마흔에 드디어 지자(知者)가 되었음을 단 두 글자 '불혹(不惑)'으로 정리했습니다. 실로 학문에 뜻을 둔 지 25년 만의 일입니다.

불혹은 '흔들림, 의심, 혹함이 없다'는 말입니다. 그러기 위해서는 무엇보다 잘 아는 사람, 현명한 사람, 즉 지자가 되어야 합니다. 나이 마흔 즈음에 공자께서는 사람을 제대로 볼 줄 아는 식견을 갖추었습니다. 속지 않으려면 먼저 사람을 제대로 골라내는 기준과 경험 및 지식을 가지고 있어야 하는데 공자께서는 그것을 터득하여 지자가 된 것입니다.

또한 공자께서는 "돈이 되는 일이라면 마차를 끄는 마부의 일이라도 기꺼이 하겠지만 그게 마음대로 되는 일이 아니라면 나는 내가 좋아하는 일을 하겠다"라고 말했습니다. 종오소호(從吾所好), 나는 내가 좋아하는 것을 따르겠다고 하면서 그런 인생을 살았습니다. 그렇게 공자는 초반에 지지자(知之者)가 되었고, 중반에는 호지자(好之者)가 되어 평생을 배우면서 살았으며, 후반에는 락지자(樂之者)가 되어 그것을 즐기는 사람으로 인생을 맺었습니다.

그러니 배우고 필요할 때마다 혹은 수시로 익히는 학습의 과정은 기쁘고 즐거운 일이라고 했던 《논어》의 첫 문장 學而時習

之不亦說乎는 그냥 나온 말이 아닙니다. 지지자는 어떤 것을 아는 단계에 이른 사람입니다. 호지자는 어떤 것을 좋아하는 단계에 이른 사람입니다. 락지자는 그것을 즐기는 단계에 오른 사람입니다. 아무리 지식적으로 잘 아는 사람도 그것을 좋아해서 하는 사람을 당해 내기 어렵고, 그것을 좋아해서 하는 사람도 그것을 즐기면서 하는 사람을 당해 내기 어렵습니다.

그렇게 살았던 공자를 감히 따르기는 어렵지만 흉내라도 내보고 싶은 마음 가득합니다.

불사주야
不舍晝夜

시간은 강물과 같아
쉼 없이 흘러간다

3년 전 잠실에서 하남 미사로 사무실을 옮겼습니다. 이전 후 지금까지 출근하는 날은 거의 매일 한강 산책로를 걷습니다. 사무실에서 5분만 걸어가면 있는 미사리 한강 변을 따라 조성된 아름다운 산책길이 매일 유혹하기 때문입니다.

산책길 중간에 놓여 있는 쉼 의자에 앉으면 한강을 가로질러 달리는 경춘 고속도로 미사대교가 눈에 들어옵니다. 다리 위로 달리는 자동차는 한순간도 쉼이 없습니다. 아침이건 저녁이건 밤낮 쉼 없이 자동차가 지나갑니다. 봄, 여름, 가을, 겨울 단 1분도 쉼 없이 자동차가 지나갑니다.

미사대교 밑을 지나는 한강도 마찬가지입니다. 강폭이 넓어 멀리에서 보면 고요한 호수처럼 보여도 다가서면 강물이 단 일각도 쉼 없이 빠르게 흘러갑니다. 어제도 1년 전에도 10년 전에도 100년 전에도 1,000년 전에도, 어쩌면 1만 년, 10만 년, 100만 년 전에도 흘러갔을 것입니다.

산책로를 걷는 지금은 제가 주인처럼 보여도 3년 전에는 아니었습니다. 10년, 100년, 1,000년, 1만 년 전에는 제가 아니었습니다. 아무리 버텨도 수십 년 후에는 제가 주인이 아닐 것입니다. 100년, 1,000년, 1만 년 뒤에는 당연히 아닐 것입니다.

춘추 시대 노나라의 수도인 곡부 북쪽으로 흘러가는 강을 바라보면서 공자께서는 이렇게 말씀하셨습니다.

공자가 냇가에서 말씀하셨다.
가는 것이 이와 같구나. 밤낮으로 쉬질 않는구나.
子在川上曰 逝者如斯夫 不舍晝夜
자재천상왈 서자여사부 불사주야

《논어》〈자한〉 16장

시간은 보이지 않지만 다리 위를 달리는 자동차의 속도만큼이나 빠르게 지나갑니다. 그러니 시간을 보려면 강을 바라보면 됩니다. 도로 위를 달리는 자동차를 보면 시간이 생생하게 보입니다. 자연은 말이 없고 시간은 자취조차 없지만 조금만 눈을 돌리면 시간이 보입니다. 쉼 없이 지나가고 있는 시간이 보입니다.

2,500년 전 공자가 고향 곡부의 강에서 보았던 시간을 저는 오늘 한강에서 보았습니다. 그 시간은 연결되어 있고 그 시간은 끊어져 있었습니다. 곡부 강이나 한강이나 지금도 소리 없이 빠르게 흘러가고 있습니다. 그러니 그것은 2,500년의 연결이 아닐 수 없습니다. 그러나 공자와 저는 너무 다른 사람이 되어 공자는 2,500년 전의 강을, 저는 2,500년 후의 강을 보고 있는 것입니다.

그래서인지 《논어》의 이 구절을 읽을 때 적지 않은 사람들이 천상지탄(川上之歎)을 떠올립니다. 공자께서 끊임없이 흘러가는 시냇물을 바라보며 덧없이 흘러간 자신의 시간과 인생을 한탄한 것으로 생각합니다. 한번 지나가면 다시 돌아오지 않는 천지 만물의 변화를 탄식한 것으로 풀이합니다. 시간은 저 강물처럼 하염없이 흘러가는데 무엇하나 제대로 이룬 게 없음을 안타까워하는 늙어 가는 공자의 모습이 투영되는 이유이기도 합니다.

하지만 공자는 현실주의자였습니다. 비록 되지도 않을 일을 될 것처럼 믿고 평생을 뛰어다녔다는 평가를 종종 받기도 했지만, 공자는 말보다 실천을 더 중요시한 행동주의자였습니다. 공자는 靜(정), 조용함보다는 動(동), 움직임에 더 가까운 사람이었습니다. 흘러가는 물을 보면서 천상지탄으로 끝낼 위인이 아니었습니다. 만약 한탄하고 아쉬워만 했다면 인간 공구(孔丘)는 성인 공자(孔子)가 되지 못했을 것입니다.

가는 것이 이와 같구나!
逝者如斯夫
서자여사부

逝는 '간다'는 뜻입니다. 죽어서 이 세상을 떠나는 죽음의 높임 말을 '서거'라고도 합니다. 逝者는 '가는 것'을 말하고 斯는 '이, 이 것'을 말합니다.

'세월 빠름이 쉼 없이 흘러가는 저 강물과 같구나. 밤낮으로 쉬질 않는구나. 이룬 것은 별로 없는데 몸은 이미 이렇게 늙어 가는구나. 단 한순간도 거르질 않는구나. 제자들은 아직 너무 서 툰데 가는 시간은 무정하구나. 언제 이를 달성할꼬.'

逝者如斯夫에서 공자의 인간적인 면모를 봅니다. 공자의 천 명은 노나라를 구하는 것이었습니다. 혼탁한 정치로 몰락해 가 는 노나라의 백성을 구하고 덕이 널리 퍼지는 살기 좋은 대동의 사회를 이루는 것을 천명으로 정했던 공자의 방법은 명료했습 니다. 노나라 군주의 부름을 받을 만한 군자가 되어 군주와 함께 개혁을 통해 그런 나라를 만들고자 평생을 노력했습니다. 하지만 현실은 그야말로 가시밭길이었습니다. 50대에 들어 고위 관료로 정치를 시작하면서 군주 가까이에 있었지만 그 기간이 5년을 넘기지 못했습니다. 50대 중반의 나이에 노나라를 떠나 무려 14년 동안 일곱 개 나라를 전전하면서 천명의 뜻을 펴고자 했지만 모두 실패했습니다.

68세에 노나라로 돌아온 공자는 그 천명을 잠시 내려놓고 다른 방법을 쓰기 시작했습니다. 늙은 몸을 이끌고 현실 정치로 다시 뛰어들어 천명을 이루기는 너무 늦었음을 직감했기에 《춘추》라는 대역사서를 쓰면서 70세를 넘겼습니다.

강을 바라보면서 어찌할 수 없는 세월을 느끼며 공자가 했던 逝者如斯夫가 한숨처럼 들리는 이유입니다. 뭐라 할 수 없는 아쉬움과 아련함이 묻어나는 이유입니다. 그의 마음을 무겁게 채운 형언하기 어려움은 노나라와 노나라 백성을 위한 안타까움이었습니다. 또한 아직 제대로 역할을 해내지 못하는 제자들에 대한 안타까운 마음이었습니다.

현실 정치에서는 그 뜻을 펴지 못하는, 공자의 이 한숨 소리를 제자들은 놓치지 않았습니다. 《논어》를 편찬한 당대의 제자들에게 공자의 이 한마디는 강력한 울림이 되었습니다.

"세월 가는 게 이와 같구나."

제자들은 스승의 이 한마디를 놓치지 않고 기록해 두었습니다. 어떻게 살아야 하는가? 어떻게 시간을 보내야 하는가? 어떤 일에 집중해야 하는가? 누구를 위해 일해야 하는가? 살아가는 이유와 살아가는 방식과 살아 내는 이유와 살아 내야만 하는 목적을 느끼게 하는 묵직한 한 방이기 때문입니다.

지성들이 한결같이 말하는
시간의 의미

스물의 청년에게는 스물의 아련한 시간이 지나갑니다. 서른의 직장인에게는 서른의 서툰 시간이 지나갑니다. 마흔의 가장에게는 마흔의 고단한 시간이 지나갑니다. 쉰의 중년에게는 쉰의 무거운 시간이 지나갑니다. 예순의 퇴직자에게는 예순의 말 없는 시간이 지나갑니다. 일흔의 노인에게는 빠른 인생의 시간이 지나갑니다.

아련한 청년의 시간이나 서툰 직장인의 시간이나 고단한 가장의 시간이나 중년의 무거운 시간이나 퇴직자의 말 없는 시간이나 노인의 시간이나 중요하지 않은 시간은 없습니다. 의미 없는 시간은 없습니다. 허투루 써도 되는 시간은 없습니다.

그런데 그게 마음처럼 되지 않습니다. 30대 직장인이 되면 지난 20대의 시간을 후회합니다. 40대 가장이 되면 지난 30대의 시간을 후회합니다. 50대 중년이 되면 지난 40대의 시간을 후회합니다. 60대 은퇴자가 되면 지난 50대의 시간을 후회합니다. 70대 노인이 되면 지난 60대의 시간을 후회합니다.

그러니 하나같이 그 시간을 잘 쓰라 합니다. 그 시간을 허투루 쓰지 말라 합니다. 공자도 순자도 맹자도 주자도 퇴계도 율곡도 다산도 같은 말을 반복합니다. 시간은 누구에게나 공평합니다. 기다려 주지도 않고 되돌릴 수도 없습니다. 마치 흐르는 강물과도 같습니다. 쏜 화살처럼 지나갑니다. 주자의 시처럼 "젊은이는 늙기 쉽고, 학문은 이루기가 어려우니" 짧은 시간도 가볍게 보내서는 안 됩니다.

> 젊은이는 늙기 쉽고 학문은 이루기가 어렵나니 짧은 시간
> 도 가벼이 여겨서는 안 된다. 연못가 봄풀이 꿈에서 채 깨기
> 도 전에 계단 앞 오동나무 잎은 벌써 가을 소리를 내는구나.
> 少年易老學難成 一寸光陰不可輕 未覺池塘春草夢 階前梧葉
> 已秋聲
> 소년이로학난성 일촌광음불가경 미각지당춘초몽 계전오엽
> 이추성
>
> 주희 〈권학문〉

그런데 사람에게는 누구나 힘든 시기가 있습니다. 일관성 있게 삶을 살 수만 있다면 시간이 뭐 그렇게 큰 문제가 되겠습니

까? 목표에 따라 계획한 대로 진행할 수만 있다면 그 어떤 세대가 고민하겠습니까? 수렁에 빠졌을 때, 희망이 모두 사라져 절망에 빠졌을 때, 아무리 허우적거려도 몸이 말을 듣지 않을 때 그 시간을 어떻게 버텨 내는가, 그게 문제입니다.

"이 또한 지나가리라. (This too shall pass.)"

이스라엘의 왕 다윗이 반지를 만드는 세공사를 불러 이렇게 지시했습니다.

"내가 즐거울 때는 내가 교만하지 않게 하고, 내가 괴로울 때는 좌절하지 않고 용기와 희망을 얻을 수 있는 문장을 새겨 넣은 아름다운 반지를 만들어라."

이에 반지 세공사는 아름다운 반지를 만들기는 했으나 좋은 문장을 만들지 못해 고민했습니다. 결국 현명한 솔로몬에게 도움을 요청했습니다. 그가 알려 준 문장이 바로 "이 또한 지나가리라"입니다.

누구나 가는 시간이 아쉬울 때가 있고 가는 시간이 고마울 때가 있습니다. 지금 당신은 무던히 흘러가는 저 시간이 아쉬운가요? 혹은 고마운가요?

오소야천
吾少也賤

가진 것이 없기 때문에
가질 수 있다

오나라의 높은 직위에 있던 태재가 자공에게 물었습니다.

"공자께서는 정말 성인이신가요? 어찌 그렇게도 다재다능하시지요?

이에 자공이 대답했습니다.

"맞습니다. 우리 스승 공자께서는 하늘이 내리신 성인이신지라 그렇게 다재다능하신 것입니다."

나중에 공자께서 이 이야기를 듣고 말씀하셨습니다.

공자께서 말씀하셨다.

나는 어려서 빈천했기 때문에 천한 일에 능하게 된 것이다.

子曰 吾少也賤 故多能鄙事

자왈 오소야천 고다능비사

《논어》〈자한〉 5장

오나라에 사신으로 간 공자의 제자 자공에게 오나라의 재상 격인 태재가 '당신의 스승 공자는 어찌 그렇게도 다재다능한가' 를 물었을 때 자공은 조금 과장하여 '공자는 정말 하늘이 내린 사람으로 다재다능한 스승'이라 대답했습니다. 사신의 업무를 마치고 노나라로 돌아온 자공은 공자에게 태재와 나눈 이야기를 했습니다. 공자께서 그 이야기를 듣고 이렇게 말했습니다.

"나는 젊어서 비천했기 때문에 천한 일을 하지 않을 수 없었다. 이것저것 비천한 일을 많이 했기에 여러 가지 일에 능한 것이지 내가 성인이기에 능한 것이 아니다. 태재라는 사람이 나를 제대로 알고 있는 것 같지는 않구나. 군자가 꼭 여러 가지 일을 잘해야 하는 건 아니다. 그보다 더 중요한 것은 중요한 일을 잘 알고 있는 것이다."

기원전 100년경에 살았던 한나라의 역사학자 사마천은 《사기》〈공자세가〉에서 공자의 생애를 연구하고 기록했습니다. 사마천의 공자에 대한 기록을 간략히 요약해 본다면 다음과 같습니다.

공자의 이름은 구(丘), 자는 중니(仲尼). 아버지는 숙량흘, 어머니는 안징재로 기원전 551년 노나라에서 태어났다. 20세에 위리라는 창고지기, 사직리라는 축사지기로 일했다. 30대 초반에 주나라에 가서 노자를 만났으며 돌아온 뒤 제자의 수가 더욱 늘어났다. 35세에 제나라를 방문하였고 51세에 왕의 부름으로 중도재, 사공, 대사구(법무부 장관) 및 재상의 역할을 겸직하면서 정치를 하였으나 56세에 노나라를 떠나 14년 동안 일곱 개 나라를 떠돌아다녔다.

68세에 다시 노나라로 돌아온 공자는 《서경》, 《예기》, 《악기》를 바로잡았고 《시경》을 다듬었으며, 《주역》의 여러 해설서를 지었다. 제자가 대략 3,000여 명에 이르렀으며 그중 육예(六藝)에 능한 사람이 72명이었다. 공자는 71세에 노나라 역사서 《춘추》를 지었다.

73세에 죽어서 노나라 도성 북쪽 사수라는 강의 남쪽에 묻혔다. 제자들이 3년 상을 치렀으나 자공은 3년을 더해 6년을 보냈다. 아들 백어는 공자보다 먼저 죽었고, 손자 자사는 《중용》을 지었다.

공자라는 사람의
인간적인 일면

《논어》속에서 공자는 자신에 대해 다양한 말을 했는데 이를 간략히 요약하면 다음과 같습니다.

나는 어려서 매우 비천했다. 아버지는 내 기억에도 없으며 어머니마저 열일곱에 돌아가셨다. 미래를 위해 할 수 있는 것은 학문뿐이라는 생각에 열다섯에 결심하고 부지런히 정진했다. 분발하면 밥 먹는 것도 잊어버릴 정도로 몰입한 결과 서른 즈음에는 학문적 독립을 할 수 있었다. 감히 말하지만 배우기를 좋아함에 있어 나를 이길 수 있는 사람은 거의 없을 것이다. 나의 학습 방법은 온고지신(溫故知新)과 간절함이었다.

내 나이 마흔에는 의혹이 없었다. 덕치와 예치로 노나라가 강국이 될 수 있다는 것에 한 치의 의혹도 없었다. 하지만 나이 쉰이 되도록 노나라 최대 귀족 가문인 삼환 대부의 등쌀에 기를 펴지 못한 왕으로부터의 호출 기회가 나에게는 없었다.

그러다 쉰하나에 중도재를 시작으로 단숨에 대사구라는 중요한 일을 맡게 되면서 최선을 다했다. 하지만 5년도 채우지 못하고 이웃 강국인 제나라의 간계와 대부들의 농간에 나는 노나라를 떠나지 않을 수 없었다. 이후 14년 동안 풍찬노숙 일곱 개 나라를 주유하고 예순여덟에 돌아왔다.

50대에 정치라는 천명을 얻었으나 뜻을 이루지는 못했다. 열국을 떠돌아다니면서 보냈던 나의 60대는 그야말로 모든 것을 들어야 했을 뿐이었다. 사람들은 나를 가리켜 '뭐 하나 이룬 게 없는 사람'이라고 비웃었으며, 나의 간절한 조언을 군주들은 무시했다.

나이 일흔이 넘었을 때 나는 마지막 소임으로 《춘추》를 썼다. 나는 늘 노인을 편안하게 해 주고 벗에게는 믿음을 주고 젊은이들을 품어 주고 싶었다. 내가 죽으면 제자들은 나를 학습(學習), 유붕(有朋), 불온(不慍) 이 세 단어로 기리지 않을까 생각한다.

공자는 스스로 "나는 나면서부터 아는 사람이 아니다. 옛것을 좋아해서 부지런히 그것을 구한 사람이다"라고 말했습니다. 천재로 태어난 사람이 아니라 부지런히 민첩하게 배워서 터득한 사람이라는 희망의 메시지를 남겼습니다. 천재만 성공하는 세상이라면 희망 없는 세상이지만, 천재가 아닌 사람이 노력으로 최고의 현인이 되는 세상은 희망적인 세상이기 때문입니다.

제자인 자공은 공자를 가리켜 '온화하고 선량하고 공손하고 검소하고 겸양하는 덕이 있는 분'이라 말했습니다. 이른바 '온량공검양(溫良恭儉讓)'입니다. 온화하고 선량하고 공손하고 검소하고 겸양의 덕을 갖추셨다는 말입니다. 평화를 사랑하는 온화한 마음, 도덕적으로 선량한 마음, 사람을 공경하는 엄숙한 마음,

낭비하지 않는 검소한 습관, 사람들과 우호적인 겸양의 마음입니다.

공자는 스스로 "학문에 집중하면 먹는 것도 잊고, 학문으로 얻음이 있으면 즐거움에 근심을 잊으며, 늙어 가는 것을 알지 못하는 사람"이라고도 했습니다. 학문의 즐거움에 평생을 보낸 공자의 모습입니다. 또한 "나는 서술하되 창작하지 않았으며, 옛것을 믿고 좋아했다"라고 했습니다. 공자는 《시경》과 《서경》을 정리했고 《주역》과 《계사전》을 짓고 말년에 《춘추》를 저술했는데 이러한 일생의 작업을 두고 술이부작(述而不作)이라 하였습니다. 단지 옛사람들의 문화를 믿고 좋아했기에 고증을 거쳐 기술을 했을 뿐 새롭게 창작한 게 아니라고 겸허하게 말했습니다.

공자는 상주 곁에서 밥을 먹을 때는 배가 부르도록 먹지 않았고 조문한 날에는 노래를 부르지 않았습니다. 그것은 상주의 슬픔을 공감하고 그를 배려하는 마음 때문이었습니다.

공자가 신중히 여긴 바는 재계와 전쟁과 질병이었습니다. 국가의 중요한 사항을 결정하기 전에 마음을 깨끗이 하고 욕심을 줄이는 재(齊)계와 군사 및 전쟁에 관한 사항, 위생, 보건, 양생에 관한 문제는 예나 지금이나 중요합니다. 중요한 문제를 결정하거나 행사를 할 때 절차를 무시한 채 성급하게 진행하거나, 국방이나 전쟁에 관한 문제를 감정적으로 판단하거나, 코로나19 바

이러스 같은 중대한 전염병을 쉽게 생각했다가는 돌이킬 수 없는 치명타를 입게 되기 때문입니다.

공자는 제자들에게 "너희들은 내가 뭘 숨긴다고 생각하느냐? 나는 숨기는 게 없다. 행하면서 너희와 함께하지 않은 게 없는 사람이 바로 나다"라고 했습니다. 스승의 말에만 매달리는 제자들에게 공자는 말합니다.

"오해하지 마라. 나는 이미 나의 행동과 일상으로 너희에게 모든 가르침을 주고 있다."

말이 많다는 것은 말로 설명하기에는 무언가 부족하다는 것을 의미합니다. 공자의 말은 간명합니다. 말보다 더 확실한 행동으로 말하기 때문입니다. 겉과 속이 다르지 않은 진정한 스승의 모습입니다.

당시 적지 않은 사람들은 공자를 '해 보았자 안되는 줄 알면서도 한사코 하려고 사람'으로 보았습니다. 원양이라는 고향 친구에게 공자가 가볍게 "야 이놈아, 너는 어려서 공손하지도 겸손하지도 못했고, 형제자매에게 우애도 없었으며, 평생 뭐 하나 변변하게 이룬 것도 없이 지금까지 살고 있으니. 계속 밥만 축내고 있으니" 하며 친구의 종아리를 툭툭 치는 정겨운 모습도 《논어》에 등장합니다.

공자의 식습관 또한 예사롭지 않았습니다. 곱게 찧은 쌀로 지은 밥을 싫어하지 않았고 회는 가늘게 썬 것을 즐겼으며 쉬어 냄새가 나거나 맛이 변한 밥, 상한 생선이나 부패한 육류는 들지 않았습니다. 빛깔이 나쁜 것, 냄새가 나쁜 것, 알맞게 익지 않은 것은 먹지 않았습니다. 때가 아니면 먹지 않았습니다. 비록 고기가 많을지라도 밥보다 많이 먹지는 않았으며 술은 그 양을 한정하지 않았으나 어지럽힐 정도까지는 이르지 않았고, 시장에서 산 술과 고기포는 먹지 않았습니다. 즉 출처가 확실하지 않은 음식은 먹지 않았습니다.

식사 때는 말을 많이 하지 않았습니다. 잠자리에 들 때도 말을 많이 하지 않았습니다. 식사 시 말을 많이 하면 음식을 씹는 데 소홀해질 수 있기에 말을 줄여 집중했습니다. 잠자리에서 말을 많이 하면 숙면에 피해가 되기에 말하지 않았습니다. 잠은 편안하게 자는 것이 최고입니다. 마치 시체처럼 차렷 자세로 누워서 잠을 자지 않았고, 집에 있을 때는 근엄하고 딱딱한 표정과 자세가 아닌 부드럽고 편안한 표정과 자세로 일상을 보냈습니다.

앉기 전에 자리를 먼저 살펴서 앉아야 할 자리가 아니면 앉지 않았습니다. 자리에 앉기 전에 그 자리가 내 자리가 아니라면 살펴야 합니다. 완장을 차거나 높은 자리에 앉으면 사람의 마음이 달라지기 십상이기 때문입니다.

마을에 행사가 있거나 제례가 있어 마을 사람들이 한데 모여

술을 마실 때는 나이 많이 든 어르신이 먼저 일어서야 공자도 따라 일어섰습니다. 사회적으로 성공했다손 치더라도 태어나고 자란 고향의 마을에서는 나이의 많고 적음에 따라 공손하게 행동하는 것이 예에 맞는 태도였습니다.

종오소호
從吾所好

좋아하는 일을
찾고 정하고 하라

지난 가을, 김천 직지사 경내를 돌아보던 중 작은 우물가에서 '吾唯知足(오유지족)'이라는 한자 문구가 새겨진 조형물을 만났습니다. '만족을 모르는 사람은 부유해도 가난하고, 만족을 아는 사람은 가난해도 부유하다'는 불경에서 유래된 말로, 오유지족은 '나는 오직 족함을 알 뿐'이라는 뜻이라고 합니다.

吾唯知足, 이 네 한자에는 모두 口(입 구) 자가 들어 있습니다. 口 자를 중앙에 두고 상하좌우 한 글자씩 배치하여 시각적으로 오랫동안 기억하게 만든 멋진 조형물이었습니다. 口 자 위쪽에 五(오)를 넣으면 '吾(나 오)', 오른쪽에 隹(새 추)를 넣으면 '唯(오직 유)', 왼쪽에 矢(화살 시)를 넣으면 '知(알 지)', 아래에 止(그칠 지)를 넣으면 '足(만족할 족)'이 됩니다. '나는 오직 만족할 줄 안다'는 뜻이기도 합니다. 다른 사람과 비교하지 않고 있는 그대로의 자신에게 만족할 줄 안다면 행복은 결코 먼 곳에 있지 않다는 말인 것 같습니다.

저의 사무실을 찾아오는 손님이나 귀한 분들의 기념일에는 종종 나무젓가락으로 從吾所好(종오소호)라는 《논어》 어구를 써서 액자에 넣어 선물로 드리곤 합니다. 혹은 부채에 從吾所好를 써 드리기도 하지요. 종오소호는 좋아하는 바를 따르겠다던 공자의 체취가 그대로 남아 있는 명언이기도 하거니와 자신이 좋아하는 일을 하면서 살아가는 행복한 사람이 되기를 진심으로 바라는 마음에서입니다. 그러면서 저 스스로에게도 한 번 더 다짐하곤 합니다. 다른 사람들이 행복하게 살기를 진심으로 바라지만 저 역시 꼭 그런 부류의 삶에서 벗어나지 않으면 좋겠다는 다짐입니다.

공자께서 말씀하셨다.
부라는 것이 구해서 되는 것이라면 비록 말채찍을 잡는 사람처럼 그런 미천한 일이라도 하겠지만, 구해서 얻어지는 것이 아니라면 나는 좋아하는 바를 따르겠다.

子曰 富而可求也 雖執鞭之士 吾亦爲之 如不可求 從吾所好

자왈 부이가구야 수집편지사 오역위지 여불가구 종오소호

《논어》〈술이〉 11장

공자는 돈을 버는 일이라면 마차를 모는 마부나 시장통에서 사람들을 쫓아내는 하찮은 일도 마다하지 않겠다고 했습니다. 10대 후반에 결혼한 공자의 초기 직업은 그의 말과 별반 다르지 않았습니다. 가축을 키우는 축사지기로 일했으며, 창고의 출납을 맡는 하급 관리로도 일했습니다.

공자는 서른에 학문적으로 독립하여 제자들을 받았다고 하니 그의 경제적 독립은 아마 학생들로부터 받은 학비로 이루지 않았을까 추측해 볼 수 있습니다. 왜냐하면 사마천의 기록에도 《논어》에도 공자께서 50세가 되기 전에 어떤 일을 직업적으로 했다는 기록이 없는 것을 보면 더욱 그렇습니다.

부모가 부는 물려줄 수 있어도
인생은 대신 살아 줄 수 없다

사람은 대개 자기가 좋아하는 일을 하고 싶어 하지만, 정작 많은 사람이 자신이 무엇을 좋아하는지 잘 모르고 있습니다. 아니 무엇을 좋아하는지 정하지 않고 있습니다. 5년 전에도 그랬고 지금도 그렇다면 5년 후에도 마찬가지입니다. 그러니 가장 좋아하는 것을 찾는 데 더 이상의 시간을 쓰기보다는 차선과 차차선이라도 선택하여 앞으로 5년 동안 집중해 보는 것이 더 현실적입니다. 어쩌면 5년 후 그 차선과 차차선이 가장 좋아하는 것으로 바뀌어 있을 수도 있기 때문입니다.

저는 40대까지도 제가 좋아하는 일을 찾거나 미래에 대한 준비에 관해 생각할 여유가 없었습니다. 왜냐하면 그것보다 더 긴급하게 처리해야 할 인생의 과제가 많았기 때문입니다. 결혼했으니 내 집을 사야 한다는 의무감에서 빠져나올 수가 없었습니다. 아파트 한 채에 30대를 저당 잡혀 허우적거렸습니다.

이직이나 전직은 생각조차 어려웠지만, 더 시간의 자유가 보장되고 연봉이 높다는 외국인 기업으로 이직하고 싶은 유혹을 벗어나기는 쉽지 않았습니다. 아내도 모르고 부모님도 모르게 한두 번 시도해 보았으나 그마저도 성공하지 못했습니다. 그러니 죽으나 사나 그저 하던 일을 계속하면서 투덜거리며 참아 내야 했습니다.

회사에서 좋은 성과로 칭찬을 받으면 제가 잘나서 그런 줄 알았습니다. 회사에서 좋지 못한 성과나 결과로 하위 고과를 받으면 저는 왠지 부모를 탓하고 싶었습니다. 부자 아빠 찬스까지는 못 받더라도 등록금 걱정이라도 하지 않으면서 대학을 다녔다면 더 훌륭한 역량을 갖추었을 것 같은 환상에 빠지곤 했습니다. 가난한 아빠였던 아버지와 할아버지를 탓했습니다. 어쩌면 지금 직장을 다니는 우리 아이가 그럴지도 모릅니다. 하위 고과를 받아 들고 부자 아빠가 아니었던 이 아버지를 탓하고 있을지도 모르겠습니다.

그러던 제가 지금 하고 싶은 일을 하면서 살고 있다는 게 어떤 기적처럼 여겨집니다. 직장인의 가장 큰 로망은 빨리 회사를 나와 자영 사업이나 자기 비즈니스를 하는 것일지도 모릅니다. 직장에서의 일이 어려워서라기보다는 매일 만나는 사람이 싫어서일 확률이 더 높습니다. 그런데 자영 사업이나 자기 비즈니스를 하는 사람들의 가장 큰 로망 역시 빨리 사업을 그만두고 좋아하는 일을 하면서 여유롭게 살아가는 것일지도 모릅니다. 이번에는 사람이 힘들게 하는 게 아니라 일이 진짜 힘들기 때문입니다. 불안정한 수입에 더 불안한 미래가 힘들게 하기 때문입니다.

먹고살기 위해 다니는 직장은 너무 피곤합니다. 먹고살기 위해 하는 사업은 너무도 힘든 일입니다. 하지만 힘들고 피곤하고 짜증 나는 이 과정을 통해 내가 나를 키울 수만 있다면 이보다 좋은 일은 없습니다. 이는 부자 아빠를 둔 사람들은 쉽게 할 수 없는 일이기 때문입니다.

힘들고 어려운 일을 하다 보면 자신이 어떤 일을 좋아하고 어떤 일을 싫어하는지를 알게 됩니다. 부자 아빠의 도움으로 편하게 살았던 자식은 그 부자 아빠가 사라지면, 아니 부자 아빠의 재산이 사라지면 그의 인생도 함께 사라지기 쉽습니다. 살면서 힘든 과정이 없었기 때문입니다. 근육과 힘을 키울 기회가 없었기 때문입니다. 부자 아빠는 자신이 원하는 대로 살아갈 수 있겠지만 그의 자식은 자신이 원하는 행복한 삶을 스스로 만들어 가기가 쉽지 않습니다. '귀한 자식일수록 더 엄하게 다루라'는 옛말이 왜 생겼겠습니까?

A와 A' 중에 누가 더 박수를 받아야 할까요?
① 부자 아빠를 두어서 자신도 아빠처럼 부와 명성을 일구며 살아가는 A
② 부자 아빠를 두어서 자신은 평생을 일없이 편안하고 안락하게 살아가는 B
③ 부자 아빠를 두어서 제 몸 건사도 못하는데 사람들의 손가락질이나 받으며 살아가는 C

① 가난한 아빠를 두어서 고생했지만 자신은 부와 명성을 일구며 살아가는 A'
② 가난한 아빠를 두어서 자신도 아버지처럼 가난하고 무덤덤하게 살아가는 B'
③ 가난한 아빠를 두어서 아버지만을 탓하며 사람들의 손가락질이나 받으며 살아가는 C'

부자 아빠를 둔 자식이 아빠처럼 부와 명성을 일구며 살아가는 건 그렇게 힘든 일은 아닙니다. 누구나 부자 아들로 태어나면 좋은 환경에서 좋은 교육을 받고 부자 아빠를 이어 갈 수 있습니다. 그러나 가난한 아빠를 둔 자식이 갖은 고생 끝에 부와 명성을 일구며 살아가는 것은 정말 만만한 일이 아닙니다. 박수받아 마땅한 일입니다. 치열한 도전과 열정 없이는 가능한 일이 아니기 때문입니다.

부자 아빠를 둔 자식이 평생 특별한 일 없이 편안하고 안락하게 살아갈 수는 있어도 그게 박수받을 만큼 잘하는 일은 아닙니다. 누구나 꿈꾸는 삶처럼 보이지만 그건 힘들게 사는 사람들의 꿈은 될지언정 이미 그렇게 편안하고 안락하게 살아가는 사람들의 꿈은 아닐 것입니다. 삶에 목표와 도전, 실패와 극복이 없다면 그건 그냥 온실 속의 나무 같은 모습일 뿐입니다.

가난한 아빠를 둔 자식이 아버지처럼 가난하고 무덤덤하게 살아가는 모습 또한 박수받을 일은 아닙니다. 가난한 아빠를 미워할 수는 있어도 무시할 수는 없습니다. 세상에는 부자보다 가난한 사람이 더 많습니다. 가난한 아빠를 선택하는 건 자식의 의지가 아니지만, 목표를 갖고 도전하고 실패하는 건 자식의 선택입니다.

부자 아빠를 둔 자식이 제 몸 건사도 못하는데 사람들의 손가락질이나 받으며 살아간다면 이는 더 말할 필요가 없습니다. 가난한 아빠를 둔 자식이 아버지만을 탓하면서 사람들의 손가락질이나 받으며 살아간다면 이 역시 마찬가지입니다.

늘 따뜻하게 사는 사람들은 추위에 떠는 사람들의 고통을 알기 어렵습니다. 늘 맛있는 음식을 양껏 먹고 사는 사람들은 배고픈 사람들의 고통을 알기 어렵습니다. 늘 편안하고 안락한 집에서 사는 사람들은 집 없는 사람들의 고통을 알기 어렵습니다. 평생 보장되는 안정된 직장에서 일하는 사람들은 불안정한 직장에서 하루하루 고민하는 직장인의 고통을 알기 어렵습니다.

늘 따뜻하게 사는 사람들, 늘 맛있는 음식을 양껏 먹고 사는 사람들, 늘 편안하고 안락한 집에서 사는 사람들, 평생 안정된 직장에서 일하는 사람들은 불편한 게 없어 필요한 것도 거의 없습니다. 하지만 추위에 떠는 사람들, 배고픈 사람들, 집 없는 사람들, 불안정한 직장에서 하루하루 고민하는 사람들은 삶이 너무 불편하여 필요한 게 너무나 많습니다.

그러니 가난한 아빠를 둔 사람이 유리한 면도 있습니다. 부자 아빠를 둔 사람들이 경험하기 어려운 고난을 겪었다는 것입니다. 고난을 겪으면 자신이 좋아함과 싫어함이 명확해집니다. '좋아하는 바를 달성하겠다' 하는 목표가 생기고 근력이 생깁니다. 그 힘을 사용하고 활용하면 부자 아빠를 둔 사람들보다 더 자신이 하고 싶은 것을 찾을 수 있고 하게 됩니다. 자신이 좋아하는 일을 찾아 인생을 쓸 줄 아는 사람이 될 수 있기 때문입니다. 세상의 이치는 결국 공평하게 수렴하는 것 같습니다.

불환무위
不患無位

상대방이 아니라
자기를 걱정하라

　세상에 나와 비슷한 성향의 사람이 얼마나 있을까요? 내 마음을 온전히 알아주지는 않아도 섭섭하지 않을 정도, 아니 미워하지 않을 정도라도 이해해 줄 사람이 얼마나 있을까요? 오래전에 소개되었지만 근래에도 많은 사람이 즐겨 사용하는 MBTI나 DISC 등의 성향 분석 도구를 사용하지 않더라도 자신과 성향이 비슷한 사람이 그렇게 많지 않음을 알 수 있습니다. 거칠고 크게 잡아도 나와 성향이 비슷한 사람은 25%를 넘지 않는 것 같습니다. 그러니 네 사람 중에 세 사람은 성향이 다르다고 보아야 합니다. 그중 한두 명은 매우 다른 성향의 사람일 수 있습니다.

4인 가족이면 모두가 성향이 다를 수도 있습니다. 구성원이 10명인 팀이라면 나와 같은 성향의 사람은 많아야 세 명 이내입니다. 나머지 일곱 명은 나와는 전혀 다른 성향의 사람이라고 생각하는 게 편합니다. 그러니 아무리 가족이라고 해도 내 마음대로 한다면 나머지 세 명의 가족에게는 상처가 될 수 있습니다. 아무리 잘 뭉쳐진 팀이라고 해도 내 마음이나 나의 행동을 그런대로 이해해 줄 동료는 두세 명에 불과하니 나머지 일곱 이상은 갈등 요인을 남기게 되는 것입니다.

그러니 가정이 평화롭고 조직이 조화롭기 위해서는 다른 사람들을 생각하지 않을 수가 없습니다. 그런데 문제는 다른 사람들은 내가 조종할 수 없다는 것입니다. 나와는 성향이 다른 사람들이기 때문입니다. 세상에 조화보다 갈등이 많은 이유가 여기에 있습니다. 그러니 2,500년 전부터 그 갈등을 줄이는 전략을 꾀하지 않을 수 없게 된 것입니다.

《논어》의 여러 편에 이 문제를 해결하기 위해서 노력했던 공자의 이야기가 반복하여 등장합니다. 〈학이〉 16장, 〈이인〉 14장, 〈헌문〉 32장, 〈위령공〉 18장에 거듭 나옵니다.

공자께서 말씀하셨다.
남이 나를 알아주지 않음을 걱정하지 말고 남을 알지 못함을 걱정하라.

子曰 不患人之不己知 患不知人也

자왈 불환인지불기지 환부지인야

《논어》〈학이〉16장

상사가 나를 알아주지 않음을 걱정하지 말고, 내가 상사를 잘 모름을 걱정해야 비로소 문제의 실마리를 풀 수 있습니다. 팀원이 나를 알아주지 않음을 걱정하지 말고, 내가 팀원을 잘 모름을 걱정해야 비로소 문제가 풀립니다. 고객이 나를 알아주지 않음을 걱정하지 말고, 내가 고객을 잘 모름을 걱정해야 고객의 지갑이 열립니다. 아내가 나를 알아주지 않음을 걱정하지 말고, 내가 아내를 잘 모름을 걱정해야 평화가 찾아옵니다. 아이가 나를 알아주지 않음을 걱정하지 말고, 내가 아이를 잘 모름을 걱정해야 비로소 문제가 해결됩니다. 업무가 나에게 맞지 않음을 걱정하지 말고, 내가 업무에 관해 잘 모름을 걱정해야 비로소 일이 쉬워집니다.

공자께서 말씀하셨다.
자리나 지위가 없음을 걱정하지 말고 그 자리에 앉을 수 있는 능력 갖추기를 걱정해야 하며, 남이 나를 알아주지 않는 것을 걱정하지 말고 남이 알아줄 만하게 되도록 노력해야 한다.

子曰 不患無位 患所以立 不患莫己知 求爲可知也

자왈 불환무위 환소이립 불환막기지 구위가지야

《논어》〈이인〉 14장

사람은 누구나 더 높고 빛나는 자리에 앉고 싶어 합니다. 사원은 대리를 꿈꾸고 과장은 부장을 꿈꾸며 부장은 임원을 꿈꿉니다. 그런데 그 자리는 언제나 한정입니다. 그러니 지위에 대한 꿈도 중요하지만 그 지위에 맞는 역량과 재능이 있는지를 먼저 생각하라는 현실적인 충고입니다.

알아줄 만한데 알아주지 않는 것은 상대의 문제입니다. 알아줄 만하지 않은데 알아봐 주기를 바라는 것은 욕심입니다. 알아줄 만한데 알아주는 것은 일상의 일입니다. 알아줄 만하지 않은데 알아주는 것은 이상한 일입니다. 언제나 내가 할 일은 딱 한 가지, 알아줄 만한 사람이 되는 것입니다.

공자께서 말씀하셨다.

남이 알아주지 못함을 걱정하지 말고 그 능하지 못함을 걱정하라.

子曰 不患人之不己知 患其不能也

자왈 불환인지불기지 환기불능야

《논어》〈헌문〉 32장

남이 나를 알아주지 않음을 걱정하지 말고 나의 능하지 못함을 걱정해야 일이 풀립니다. 그가 나를 알아주지 않는다고 걱정하지 말고 내가 그를 알아주지 못함을 걱정해야 일의 실마리를 풀어낼 수 있습니다. 그래서 공자께서도 이렇게 말씀하신 것입니다.

'남이 나를 알아주지 않는 것은 조금도 걱정할 일이 못 된다. 내가 남을 알지 못하는 것이 걱정이다.'

친구의 마음을 얻어야 우정이 시작되고 상대의 마음을 얻어야 사랑이 시작됩니다. 마음이 통해야 진정한 가족이 되고 완전한 행복이 됩니다. 마음을 알아야 존경받는 상사, 믿음직한 부하가 됩니다. 면접관의 마음을 얻어야 채용이 되고 고객의 마음을 얻어야 주머니가 두둑해집니다.

공자께서 말씀하셨다.
군자는 무능을 병으로 여기지 남이 나를 알아주지 않음을 병으로 여기지 않는다.
子曰 君子病無能焉 不病人之不己知也
자왈 군자병무능언 불병인지불기지야

《논어》〈위령공〉 18장

칭찬하는 데는 인색하면서도 다른 사람의 칭찬에는 갈증을 느끼거나 다른 사람의 인정에 목말라한다면 그는 보통 사람입니다. 리더는 반대입니다. 남이 나를 알아주지 않음을 걱정하지 않고 자신의 능하지 못함을 걱정합니다.

무엇을 걱정해야 할지 깨달으면
풀지 못할 문제가 없다

시인 김용택은 〈그랬다지요〉라는 제목으로 우리의 삶을 노래했습니다. 노래꾼 장사익은 이 시에 곡을 붙여 〈이게 아닌데〉라는 제목의 노래를 만들어 불렀습니다. 시도 울림이 있지만 애절하게 부르는 장사익의 노래는 이 시를 더 오랫동안 귓전에 맴돌게 합니다. 노래 후미에 회오리바람처럼 계속되는 "이게 아닌데, 이게 아닌데" 외침은 정말 삶을 되돌아보게 합니다.

상사가 나를 알아주지 않음을 걱정하지 말고, 내가 상사를 잘 모름을 걱정해야 하는데

팀원이 나를 알아주지 않음을 걱정하지 말고, 내가 팀원을 잘 모름을 걱정해야 하는데

고객이 나를 알아주지 않음을 걱정하지 말고, 내가 고객을 잘 모름을 걱정해야 하는데

아내가 나를 알아주지 않음을 걱정하지 말고, 내가 아내를 잘

모름을 걱정해야 하는데

　아이가 나를 알아주지 않음을 걱정하지 말고, 내가 아이를 잘 모름을 걱정해야 하는데

　업무가 내게 맞지 않음을 걱정하지 말고, 내가 업무에 관해 잘 모름을 걱정해야 하는데

　지위에 대한 꿈도 중요하지만, 그 지위에 맞는 역량과 재능이 있는지를 먼저 생각해야 하는데

　그가 나를 알아주지 않는다고 걱정하지 말고, 내가 그를 알아주지 못함을 걱정해야 하는데

　남이 나를 알아주지 않음을 걱정하지 말고, 나의 능하지 못함을 걱정해야 하는데

　친구의 마음을 얻어야 우정이 시작되는데
　상대의 마음을 얻어야 사랑이 시작되는데
　마음이 통해야 진정한 가족이 되고 완전한 행복이 되는데
　마음을 알아야 존경받는 상사, 믿음직한 부하가 되는데
　면접관의 마음을 얻어야 채용이 되는데
　고객의 마음을 얻어야 주머니가 두둑해지는데

　칭찬하는 데는 인색하면서도
　다른 사람의 칭찬에는 갈증을 느끼거나

다른 사람의 인정에 목말라한다면

그는 보통 사람입니다.

리더는 반대입니다.

남이 나를 알아주지 않음을 걱정하지 않고

자신의 능하지 못함을 걱정합니다.

학이불사
學而不思

배우면서 생각해야 하고
생각하면서 배워야 한다

공자께서 제시한 공부 방법은 간명합니다. 군더더기가 없습니다. "이것저것 생각만 하고 필요한 분야를 실제로 배우지 않으면 인생이 위태로워진다"라는 말은 예나 지금이나 한 치 틀림이 없습니다. 어려서의 배움은 말할 것도 없고 직장에서나 사업 현장에서나 마찬가지입니다. 배우지 않고 리더로 성장한 경우가 없으며 공부하지 않고 자기 몫을 다 해내는 사람이 없습니다. 생각 없이 배우면 얻는 게 없고, 생각만 하고 배우지 않으면 위태로워집니다.

공부도 일도 마찬가지입니다. 공부하는 이유를 분명히 할수록

학습 효과가 높아지고 일하는 이유를 분명히 할수록 업무 성과
도 더 커집니다. 배움은 죽어서야 끝나는 우리의 평생지기이기
때문입니다. 공자께서 제시한 인생 경영이기도 합니다. 배우면
서 생각하고 생각하면서 배워야 실속이 있다는 인생의 경영 이
론입니다.

공자께서 말씀하셨다.
생각 없이 배우면 허망해지고 생각만 하고 배우지 않으면
위태로워진다.
子曰 學而不思則罔 思而不學則殆
자왈 학이불사즉망 사이불학즉태

《논어》〈위정〉 15장

《논어》를 읽으면 읽을수록 공자는 매우 현실적인 교육자라는
생각이 듭니다. 우연히 시작한 어떤 일이 직업이 되어 인생과 미
래를 바꾸기도 하지만 공자는 그런 우연에 우리의 인생을 맡기
지 않았습니다. 그런 요행이나 우연을 많은 사람에게 공공연히
말하지 않았습니다. 조금 고루하게 보일지라도 원칙을 존중했습
니다. 그러니 생각 없이 배우면 그 끝이 허망하다 한 것입니다.
모두가 다 그런 것은 아니지만 목적 없는 공부는 오래 하기 어
렵습니다. 한두 번 재미 삼아 배우는 것이라면 문제될 게 없지만

시간과 돈을 들여 가며 하는 공부라면 그건 다른 이야기입니다. 다른 사람들에게 멋지게 보이려는 허영심이 있는 공부라 해도 마찬가지입니다. 그러니 배움에 대한 아주 오래된 원칙, 지금도 계속 유효한 기준이 바로 '생각'입니다.

이유나 목적을 정해 놓지 않고 하는 공부는 대개 그 끝이 공허해집니다. 남는 게 별로 없기 때문입니다. 이유는 간단합니다. 조금이라도 싫증 나면 바로 멈출 수 있기에 그렇습니다. 아무리 쉬운 구구단도 뒤로 갈수록 복잡해지고 아무리 쉬운 천자문도 뒤로 갈수록 어려워지는데, 복잡해지거나 어려워졌다고 바로 멈춘다면 그간의 공부가 허망해질 수밖에 없습니다.

공부에 목적과 이유를 달고 목표를 정하는 건 조금이라도 더 오래 배우기 위함입니다. 무엇이든 오래 배우면 더 잘할 수 있기에 그렇습니다. 그 목표나 목적이 분명할수록 더 효율적이고 효과적으로 배울 수 있습니다. 그러니 배우기 전에도 배움 속에서도 공부하는 이유를 생각해야 합니다. 그래야 과정에 더 집중하고 더 많은 것을 기억합니다. 생각하며 배우고 배우면서 생각해야 하는 이유입니다.

배움의 효과를 내는 데 더 큰 문제는 배운 다음 아무것도 하지 않는 데 있습니다. 배우기만 하고 생각하지 않으면 남는 게 거의 없습니다. 복습하지 않거나 되돌려 생각해 보지 않으면 남는 게 거의 없어집니다. 학습 후 망각에 관해 연구한 심리학자 헤르만 에빙하우스에 의하면 학습 후 20분 이내에 40%를, 1시간이 지나면 55%, 하루가 지나면 70%, 1개월이 지나면 초기 학습 내용의 80% 이상을 망각한다고 했습니다. 학습을 되돌려 보고 다시 생각하면서 돌아보지 않는다면 아무리 많이 배운다 한들 크게 도움되는 바는 없을 것입니다.

시험을 위해 공식을 외우며 공부하지만 그 공식의 형성 과정을 이해하지 않고 외우기만 하면 조금만 다르게 응용한 문제에서는 적지 않게 어려움을 겪게 되는 것도 이 경우입니다. 다양한 미디어나 인터넷 혹은 가십 기사를 통해 보고 들은 정보를 한 번 더 생각하여 점검해 보지 않는다면 자신도 모르는 사이에 부화뇌동하기 쉽습니다.

생각 없이 배우거나 배운 후 생각하지 않으면 배움은 거의 쓸모없는 노력이 됩니다. 허망한 일이 됩니다. 초등학생도 중학생도 고등학생도 대학생도 직장인도 퇴직자도 마찬가지입니다. 그러니 학습에 생각을 놓쳐서는 안 됩니다. 인생 전반전도 인생 후반전도, 청년도 노인도 마찬가지입니다.

왜 공부한 것인가. 어디에 어떻게 언제 누가 쓸 것인가. 무엇을 이용할 것인가. 어떻게 활용할 것인가. 무슨 의미가 있는가. 공부한 결과로 남은 것은 무엇인가. 배움의 결과로 나는 무엇이 바뀌었는가. 누구에게 도움이 되는가.

생각 없이 하는 공부는 결국 허망해집니다. 기술도 마찬가지입니다. 아무리 대단한 기술도 생각 없이 소홀히 배우면 별로 남는 결과가 없습니다. 왜 배워야 하는지 생각하지 않으면 배워도 오래가지 않습니다. 깊이 생각하지 않고 학습하면 그 결과는 결국 허무할 것입니다. 아무 생각 없이 배우는 것은 마침내 헛된 일이 됩니다.

시험만 보고 얻은 지식은 실제 업무에서 별 도움이 되지 않습니다. 중국어를 배우려고 무작정 교재를 먼저 구매했지만 얼마 지나지 않아 버리고 마는 경우가 생깁니다. 새로운 기술을 도입해도 팀원들이 그것을 이해하고 효과적으로 사용하는 방법을 제대로 학습하지 않는다면 그 역시 무용지물이 되고 맙니다. 투자 공부를 하지 않고 무작정 남들 따라서 투자를 시작하면 돈을 잃는 것은 당연한 일입니다. 퇴직 후에도 마찬가지입니다. 퇴직 후에도 지식을 공유하고 성장하기 위한 노력을 게을리하면 기존의 사회적 연결망에서 자신도 모르게 소외됩니다.

인생이 고달프면
배움이 없는지 돌이켜 보라

세상은 참으로 다양합니다. 어쩌면 그 사람 수만큼이나 다양한지도 모릅니다. 그런데 사람들은 대개 자기 생각이 옳다고 생각합니다. 그래서 갈등은 어디서나 언제나 늘 존재합니다. 배움은 삶의 필수 조건입니다. 특히 앞서 나가려는 사람들의 삶에 배움은 필수입니다. 그러니 배움 없이 사사로운 생각에만 몰두하면 몰두할수록 외골수가 되기 쉽습니다. 그러니 생각만 하고 배우지 않으면 그 끝이 위태롭습니다. 아무리 생각을 많이 해도 필요한 공부를 하지 않는 사람의 삶은 결국 위태로운 인생이 될 수밖에 없다는 경고이기도 합니다.

《논어》〈계씨〉에서도 공자는 이와 비슷한 말씀을 하셨습니다. 배우지 않는 사람은 백성 중에서도 가장 하급이 된다고 했습니다. 공자는 자신의 예를 들면서 자신은 나면서부터 아는 사람이 아닌 배워서 아는 사람이라 했습니다. 천성적으로 배우기를 좋아한다면 더없이 좋은 일이지만 어려움이나 곤란함을 겪고 배우기에 집중해도 늦지 않습니다. 하지만 어려움을 겪고 나서도 배우기를 꺼린다면 그것은 정말 문제입니다.

공자께서 말씀하셨다.

나면서부터 아는 사람이 상급이고, 배워서 아는 사람이 그다음이고, 곤경에 처해서 배우는 사람은 또 그다음이며, 곤경에 처해도 배우지 않으면 백성 중에서 하급이 된다.

孔子曰 生而知之者上也 學而知之者次也 困而學之又其次也

困而不學民斯爲下矣

공자왈 생이지지자상야 학이지지자차야 곤이학지우기차야
곤이불학민사위하의

《논어》〈양화〉 8장에는 배우기를 좋아하지 않으면 생기는 여섯 가지 폐단을 들었습니다.

첫 번째, 인(仁)을 좋아하되 배우기를 좋아하지 않으면 그 폐단은 어리석어지는 것이라고 했습니다.

사람을 사랑하는 마음, 사람을 용서하는 마음, 상대의 위치에서 생각하는 마음을 가리켜 인한 마음이라 합니다. 하지만 옳고 그름의 판단 없이 누구에게나 인을 행하다가는 어리석은 사람으로 취급받기 쉽습니다.

두 번째, 지혜(知)를 좋아하되 배우기를 좋아하지 않으면 그 폐단은 방탕해지는 것이라고 했습니다.

인성이 기반되지 않은 사람이 유능하면 유능할수록 다른 사람을 무시하기 쉽습니다. 급기야 방탕해지고 제멋대로 행동합니다. 국어, 영어, 수학뿐만 아니라 음악, 미술, 체육, 인문학 같은 과목을 통해 자신을 단속하지 않으면 안 되는 이유입니다.

세 번째, 믿음(信)을 좋아하되 배우기를 좋아하지 않으면 그 폐단은 자신을 해치는 것이라고 했습니다.

지나치게 자기를 믿으면 종종 자기가 자신을 잘못된 길로 이 끕니다. 자신감이 넘치면 자만심이 되고 자만심은 일을 망치는 경우가 많기 때문입니다. 이 역시 자기 수양의 학문을 통해 자신을 단속하지 않으면 안 되는 이유입니다.

네 번째, 곧기(直)를 좋아하되 배우기를 좋아하지 않으면 그 폐단은 가혹해지는 것이라고 했습니다.

곧은 마음은 바람직한 품성이지만 상황을 무시한 채 그저 곧 기만 하면 상대에게 너무 가혹해질 수 있습니다. 세상에 예외 없 는 법칙이나 규칙은 없습니다. 배우기를 멈춘다면 어떻게 자신 이 완벽하게 안다고 말할 수 있겠습니까?

다섯 번째, 용기(勇)를 좋아하되 배우기를 좋아하지 않으면 그 폐단은 난폭해지는 것이라고 했습니다.

인성과 예지를 바탕으로 하지 않는 용기는 위험합니다. 예리 한 칼날은 삶의 유용한 도구지만 그 칼을 잘못 사용하면 치명적 인 무기가 되듯 용기 역시 마찬가지입니다. 배움이 싫어 무식한 것도 문제지만 무식한 사람이 용감하다면 더 큰 문제일 수 있습 니다.

여섯 번째, 굳셈(剛)을 좋아하되 배우기를 좋아하지 않으면 그 폐단은 거만해지는 것이라고 했습니다.

마음이 강직한 사람이나 굳센 사람은 말이 정직합니다. 하고 싶은 말이 있으면 마음에 담아 두지 못합니다. 아첨하지 않으며 돌려 말하지도 않습니다. 그러니 남들이 보기에는 거만하게 보이기 쉽습니다. 강직한 사람도 학문을 해야 하는 이유입니다.

유공유문
唯恐有聞

무엇을 알고
무엇을 모르는가?

"나는 아무것도 바라지 않는다. 아무것도 두려워하지 않는다. 나는 자유다"라는 묘비명으로 유명한 니코스 카잔차키스는 그리스 문학을 대표하는 작가입니다. 1946년에 출간한 자전적 소설 《그리스인 조르바》는 자유로운 영혼과 인간의 본질에 대한 깊은 통찰을 담고 있습니다.

주인공 '조르바'는 자유롭고 활기찬 성격으로 삶에 관하여 실용적인 철학을 가진 열정적인 인물입니다. 그 열정적인 조르바가 공자의 제자 '자로'를 닮았습니다. 자로는 용맹한 제자였으며 실천적인 삶을 중시했습니다. 결단력 있게 행동했으며 어려움에 물러서지 않는 강한 성격이었습니다. 조르바 역시 철학적 사유만 하기보다는 실제 경험을 추구하며 열정적으로 살았습니다. 도전과 실패를 두려워하지 않으며 자신의 길을 개척해 나갔습니다.

사마천은 《사기》 〈중니제자열전〉에서 자로를 이렇게 기록했습니다.

중유는 노나라 사람으로 공자보다 9살 아래였으며 자가 자로였다. 자로의 성격은 거칠고 용감했으며 의지가 강직했다. 초기에는 자신의 힘만 믿고 공자를 업신여기기도 했으나 제자가 된 이후 공자는 "내가 자로를 얻고부터 귀에 나쁜 말이 들리지 않았다"라고 했을 정도로 자로는 충직했다. 자로가 정치를 묻자 앞장서 모범을 보이고 나태하지 말라고 공자는 가르쳤다. 자로가 군자의 용맹함을 물었을 때 공자는 군자가 용맹함을 좋아하면서 의가 없으면 난을 일으키고 소인이 용맹함을 좋아하면서 의가 없으면 도둑질한다고 말했다. 스승의 가르침을 듣고 이를 아직 실천하지도 못했는데 또 가르침을 들을까 봐 겁낼 만큼 자로는 실천을 중요하게 생각했다.

공자는 자로의 급한 성격에 관해 이렇게 말하기도 했다.

"한쪽 말만 듣고 송사를 단정할 수 있는 사람은 자로뿐이다. 자로는 용감하지만 천명을 다하지 못할 것이다. 해지고 낡은 웃옷을 입은 채 여우나 담비의 가죽으로 만든 갖옷을 입은 자와 나란히 서 있어도 부끄러워하지 않을 사람은 바로 자로일 것이다."

공자는 자로의 역량을 "대국의 군사와 재정도 맡길 수 있는 제자"라면서 평가했다.
자로가 위나라 읍재였을 때 위나라에서 내란이 일어났다. 공자가 위에 난리가 났다는 소식을 듣고는 "자로가 죽겠구나!"라고 했다. 내란에 참전한 자로는 "군자는 죽어도 관은 벗지 않는다"라고 하며 정말 갓끈을 맨 채로 죽었다.

자로는 의로웠습니다. 좋은 말과 수레, 값비싼 가죽옷을 벗들과 함께 사용하다가 헐어서 못 쓰게 되더라도 서운해 하지 않겠다고 할 정도로 호기로운 사람이었습니다.
《논어》에 등장한 공자의 제자 29명 중 자로는 42문장에서 언급되어 빈도가 가장 높습니다. 자로는 용기와 실천 중심의 인물로, 직선적이고 솔직한 성격에 위험을 무릅쓰고 즉각 열정적으로 행동했습니다. 공자의 가장 충직한 제자이자 인생의 벗이었습니다.

자로는 가르침을 듣고 그것을 실천하기 전에 또 다른 가르침을 듣는 것을 두려워했다.

子路有聞 未之能行 唯恐有聞

자로유문 미지능행 유공유문

《논어》〈공야장〉 13장

자로는 스승의 가르침을 듣고 그것을 실천하기 전에 또 다른 가르침을 듣는 것을 두려워했습니다. 또 새로운 가르침을 들었을 때 과거에 들었던 가르침도 능히 실천하지 못했음을 스스로 느끼며 새로운 가르침 또한 그렇게 될지도 모른다는 생각에 두려웠다는 이 대목에서 저는 읽기를 잠시 멈출 수밖에 없었습니다. 그저 무식하고 무례하고 저돌적인 무뢰한이라고만 여겼던 제자 자로의 입에서 나온 저 순수하고 인간적이며 스승을 존경하는 언사에서 자로를 다시 생각하게 되었습니다.

조언의 값은
듣는 사람의 마음에 달려 있다

저는 제 잘난 맛에 그간의 수많은 조언을 흘려들었습니다. 그러니 그동안 들은 그 많은 조언은 아무 흔적도 없이 사라져 버렸습니다. 듣고 또 듣고 귀에 딱지가 앉을 정도로 들었지만 그저 스쳐 지나가는 바람이 되어 사라졌습니다. 그런데 지금도 귀한 조언을 듣고 싶어 뛰어다니고 있습니다. 부어도 부어도 사라지는 밑 빠진 독에 물을 붓듯이 새로운 조언을 찾아다닙니다. 벌이 꽃을 따라다니듯 누군가 사회적인 이슈를 끌고 있다 생각이 들면 그를 따라갑니다. 그를 찾아가 그의 강연을 듣고 그의 책을 읽고는 '별 특별한 게 없네'라고 단정한 다음 다른 꽃을 찾아 또 떠다닙니다.

세상을 떠들썩하게 하는 명사들의 조언이 나를 만드는 게 아니라 그 조언을 어떤 자세로 듣느냐가 나를 만드는 것인데, 지금까지 그것을 놓치고 있었음을 자로를 통해 알았습니다.

성격이 거칠고 충동적인 제자로 알려진 자로지만 그의 인품과 덕성은 그 누구에게도 뒤지지 않았습니다. 실행과 실천을 하지도 못하면서 스승의 가르침을 계속 받는 것은 무의미한 일이라는 것을 알고 있었습니다.

그러므로 많이 듣느냐가 중요한 게 아니었습니다. 많이 읽느냐가 중요한 게 아니었습니다. 누구에게 듣느냐가 중요한 게 아니었습니다. 언제 듣느냐가 중요한 게 아니었습니다. 얼마나 많이 듣든, 읽든, 누구에게 언제 듣든 그게 중요한 게 아니라 내가 어떤 마음으로 듣느냐가 더 중요한 것이었습니다.

그러니 한 권의 책을 읽어도 한 사람의 강연을 들어도 그때의 마음이 중요합니다. 모두에게 감명을 주는 강연은 없습니다. 모두에게 감동을 주는 책도 없습니다. 언제나 훌륭한 강연은 없습니다. 누구에게나 통찰력을 주는 책은 없습니다.

하지만 찾으려 하고 구하려 한다면, 구한 것을 실행에 옮기려는 자세라면, 꼭 일류 강연이 아니더라도 잘 팔리는 책이 아니더라도 꼭 공자와 같은 성인의 조언이 아니더라도 자신을 바꾸는 기회가 될 수 있음을 자로를 통해 알게 됩니다.

그런 자로에게 계속되는 공자의 조언은 참으로 간명합니다.

공자께서 말씀하셨다.
유야, 내가 너에게 아는 것에 대해 가르쳐 주마. 아는 것을 안다고 하고 모르는 것을 모른다고 하는 것이 진정 아는 것이다.
子曰 由 誨女知之乎 知之爲知之 不知爲不知 是知也
자왈 유 회여지지호 지지위지지 부지위부지 시지야

《논어》 〈위정〉 17장

유는 자로의 이름입니다. 스승이 제자의 이름을 정답게 부르면서 말합니다. '앎이란 무엇인가', '앎의 가장 중요한 의미를 어디에 맞추어야 하는가'를 알려 줍니다. 아는 것을 안다고 하고 모르는 것을 모른다고 하는 게 진정 아는 것임을 제자에게 알려 줍니다.

나는 알고 있다는 것을 알고 있는가.

나는 알고 있는 것을 정말 알고 있다고 생각하는가.

나는 알고 있는 것을 정말 알고 있다고 말했는가.

나는 알고 있는 것을 정말 알고 있다고 말할 수 있는가.

나는 모르고 있다는 것을 모르고 있는가.

나는 모르고 있는 것을 정말 모른다고 생각하는가.

나는 모르고 있는 것은 정말 모른다고 말했는가.

나는 모르고 있는 것은 정말 모른다고 말할 수 있는가.

나는 알고 있는데도 알지 못한다고 말한 적은 없는가.

나는 알고 있지 못함에도 알고 있다고 말한 적은 없는가.

　우리는 알면서도 모르는 척, 모르면서도 아는 척하기가 쉽습니다. 하지만 아는 것은 안다고 하고 모르는 것은 모른다고 해야 바르고 편안한 세상이 됩니다. 가정에서나 학교에서나 직장에서나 마찬가지입니다. 나 스스로에게도 그렇습니다. 다른 사람에게도 그렇습니다. 우리 모두에게도 마찬가지입니다. 그런데 그게 쉽지 않습니다. 그러니 공자께서 자로에게 일렀던 당부가 지금도 필요한 이유입니다.

　그런 자로였기에 공자께서 평소 제자들에게 하신 가르침과 조언을 그 어떤 제자보다도 귀하게 여겼습니다.

공자께서 말씀하셨다.
학문은 아무리 해도 미치지 못할 듯이 하며 배운 것을 잃을
까 두려워하는 마음으로 해야 한다.
子曰 學如不及 猶恐失之
자왈 학여불급 유공실지

《논어》〈태백〉 17장

'단 1점 때문에 시험에 떨어지면 어쩌지?' 하는 갈급한 마음으
로 배움에 임하고 '배운 것을 잃어버리면 어쩌지?' 하는 두려운
마음으로 학문에 임한다면 이보다 더한 학생의 자세는 없을 것
입니다. 2,500년 전 공자와 그의 제자들이 학문에 임한 태도였습
니다.

온고지신
溫故知新

같은 방법으로
매번 훌륭할 수 없다

얼마 전 강릉 옥계에 있는 여성 수련원을 다녀왔습니다. 연초에 한국 강사 협회에서 주관한 명강사 과정을 이수한 강사들의 하계 동기 수련회에서 강연을 요청받아서였습니다. 바다가 한눈에 들어오는 아름다운 강의장에서 짧은 《논어》 강연을 했습니다. 명강사 과정을 이수했지만 강의를 처음 시작한 사람부터 아주 익숙한 강사까지 다양하게 섞여 있었습니다. 저 역시 10여 년 전에 명강사 과정을 이수했기에 그분들의 심정을 충분히 이해할 수 있었습니다.

강연이 끝나자 많은 질문이 이어졌습니다. '어떻게 하면 그렇게 물 흐르듯이 자연스럽게 이어 나갈 수가 있느냐, 어떻게 그렇게 적당한 사례를 준비했느냐, 강연 PPT를 그렇게 간명하게 작성할 수 있느냐, 너무 부럽다, 어떻게 준비하면 강사님처럼 할 수 있느냐' 등등.

강연에서 돌아온 후 저도 그 점이 궁금했습니다. 그래서 지난 10여 년 동안 과연 몇 번이나 《논어》 강연을 했는지 확인해 보았습니다. 그간 엑셀에 정리해 온 연간 일정표를 확인해 보니 길고 짧은 강연을 이곳저곳에서 약 1,000번 가까이 진행했음이 숫자로 더해졌습니다.

그러니 다음부터는 이와 비슷한 질문을 받으면 이렇게 대답해야겠다는 생각이 들었습니다. '1,000번을 해 보면 됩니다. 강연 PPT도 1,000번을 고치면 이렇게 간명해집니다. 사례가 마음에 들지 않으면 100번만 고치면 됩니다. 10년 동안 1,000번의 강연을 하면 최소한 저만큼은 될 것입니다'라고요.

그들보다 조금 더 일찍 시작한 선배 강사로서 광 한번 내려고 하려는 말이 아닙니다. 누구나 강연을 할 수는 있지만 모두가 다 잘하지 못하는 이유는 강사로서 실력이 없거나 능력이 떨어져서가 아닙니다. 그 답은 바로 온고지신(溫故知新)에서 찾을 수 있습니다.

너무도 익숙한 사자성어 온고지신은 《논어》〈위정〉제11장에서 공자께서 처음으로 한 말입니다.

공자께서 말씀하셨다.
옛것을 익혀 새로운 것을 알면 스승이 될 수 있을 것이다.
子曰 溫故而知新 可以爲師矣
자왈 온고이지신 가이위사의

《논어》〈위정〉11장

溫故而知新을 줄여 溫故知新으로 쓰게 되었는데요. 溫은 '따뜻하다 익히다', 故는 '옛날 혹은 옛일'이라는 뜻으로 溫故는 '옛일을 익힌다, 옛것을 공부한다'는 의미입니다.

오늘 무엇인가 했다면 그것은 곧 옛것이 됩니다. 오늘 어디에서 강연을 했다면 그것은 곧 옛것이 되고 맙니다. 오늘 강연에 사용한 PPT를 다음 강연에 그대로 쓴다면 그것은 온고가 아닙니다. 강연에서 미진했다고 생각되는 곳의 단 한 글자라도 바꾼다면 그게 바로 온고입니다. 그러니 10번 강연을 했다면 대부분 10번을 고치게 됩니다. 강연 횟수가 늘어날수록 강연 PPT는 점점 더 정교하고 간명해집니다.

명강사들의 PPT가 간명한 이유는 강연을 잘해서가 아닙니다. 강연을 한 횟수보다 더 많이 수정, 개선, 보완했기 때문입니다. 더 합당한 사례를 찾아보고 더 새로운 정보를 찾아 공부하고 연습하여 새로운 강연으로 매일 재탄생하기 때문에 그렇습니다. 그야말로 강연의 온고지신이 오늘의 명강사를 만들어 내는 것입 니다.

공자가 동양 최고의
스승이 된 이유

'전국을 돌아다니며 강연과 함께 인생 후반전을 여유롭게 보내고 싶은데 그게 가능할까요?'라는 질문을 종종 받습니다. 당연히 가능합니다. 이미 그런 분들이 있기 때문입니다. 그들이 그런 인생을 산다면 분명 다른 이들도 가능한 일입니다. 물론 다는 아닙니다. 당연히 금방은 아닙니다. 시간이 걸리는 일입니다. 세상의 모든 일이 그렇듯 시간이 쌓여야 가능한 일입니다. 그러니 의욕만 가진다고 되는 일은 절대로 아닙니다.

제가 본업을 하면서 한 달에 한두 번의 외부 강연을 하게 된게 10년 전입니다. 강연 수입이 먹고사는 일이 해결될 정도가 되기만을 손꼽아 기다렸지만 그 길은 너무나 요원했습니다. 거의 불가능해 보이기도 했습니다. 강연이 한 달에 한두 번에서 아홉, 열 번이 되기까지 10년이라는 시간이 지나갔습니다. 강의나 강연을 하고 싶어도 오로지 그것에 매달릴 수 없는 처지의 시간이 너무 길었습니다. 밥줄을 놓치면 강연이고 뭐고 아무것도 되지 않기 때문입니다. 밥줄이 끊기면 꿈 줄도 놓치게 됨의 엄연한 현실을 외면하기가 어려웠습니다.

저는 근 10년 가까이 돈 버는 일과 강연을 병행했습니다. 낮에는 HR 컨설팅 회사를 경영하며 주말과 야간에는 강연 준비에 힘을 쏟았습니다. 가끔 2시간 특강 요청이 오면 그 2시간 강연을 위해 20시간을 준비했습니다. PPT를 고치고 또 고치고 외우고 또 외우면서 시간을 보냈습니다.

하고 싶은 일을 하려면, 하고 싶은 강의를 하려면 먼저 밥줄이 해결되어야 합니다. 그리고 하나 더 필요한 게 있다면 그것은 바로 꾸준한 온고지신의 학습법입니다.

공자께서 말씀하셨다.
옛것을 익혀 새로운 것을 알면 스승이 될 수 있을 것이다.
子曰 溫故而知新 可以爲師矣
자왈 온고이지신 가이위사의

그간의 경험과 역량을 점검하고 조직화하여 독특하고 유익한 영역을 만들어 내면 다른 사람들에게 긍정적인 영향을 줄 수 있는 강사가 될 수 있습니다. 어제 강의에 사용한 PPT를 오늘 그대로 사용하지 말고 단 한 글자라도 더 개선하여 사용한다면 점점 더 환영받는 강사가 될 것입니다. 저는 지금까지 단 한 번도 똑같은 PPT를 사용한 적이 없습니다. 어제를 바탕으로 오늘은 단

1밀리미터라도 더 멋지게, 더 의미 있게, 더 재미있게 만들기 위해 온고지신을 반복했습니다.

이는 비단 강연뿐이 아닙니다. 걷기나 헬스를 해도, 노래나 댄스를 해도, 요리나 수영을 해도, 축구나 바느질을 해도 마찬가지입니다. 직장 생활을 해도 비즈니스를 해도 마찬가지입니다.

교과서 역시 과거의 정리입니다. 옛것을 익히지 않고는 학습 자체가 불가능합니다. 학문도 역사도 기술도 인생도 마찬가지입니다. 지난 것을 공부하여 새로운 것을 찾아내거나 앞날을 알 수 있다면 그는 이미 리더(Leader)입니다. 리더는 리더(Reader)입니다.

《논어》에는 배움에 관한 공자의 가르침이 61번이나 반복됩니다. 2,500년 전 공자는 그 누구보다도 배움을 강조했습니다. 공자 스스로 그 길을 먼저 걸었습니다. 온고지신의 학습 방법을 기본으로 절차탁마(切磋琢磨)했습니다. 다행히 공자는 배우는 것을 좋아했다고 스스로 말했습니다.

공자께서 말씀하셨다.
열 집이 모여 사는 마을에도 나만큼 충실하고 신의가 있는 사람이 꼭 있겠지만 나만큼 배우기를 좋아하는 사람은 없을 것이다.
子曰 十室之邑 必有忠信如丘者焉 不如丘之好學也

자왈 십실지읍 필유충신여구자언 불여구지호학야

《논어》 〈공야장〉 27장

공자는 배움에서만큼은 자부심이 대단했습니다. 그래서 이렇게 말합니다.

"나보다 배우기를 좋아하는 사람은 없다."

공자가 동양 최고의 성인이 된 바탕은 바로 호학 정신이었습니다.

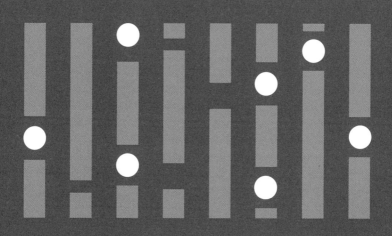

2장

일을 궁리하라

갈팡질팡 헤매며 살고 싶지 않다면

일은 단순한 생계 수단을 넘어 삶을 구성하는 중요한 축이지만, 일의 성취감이나 즐거움은 사라지고 피로만 쌓이는 경우가 많습니다. 이러한 혼란을 피하려면 일을 대하는 명확한 기준을 세워야 합니다. 일은 생계를 유지하면서 자신의 가치를 사회에 기여하는 과정입니다. 《논어》에서 제시하는 10가지 가르침은 흔들림 없이 앞으로 나아가는 힘을 주며 일의 의미와 올바른 태도를 기를 수 있도록 도와줄 것입니다.

인무원려
人無遠慮

멀리 볼수록
쉬워진다

인생의 8할은 걱정거리입니다. 사람들은 즐거워할 일보다 걱정할 일이 훨씬 더 많습니다. 잘나도 걱정 못나도 걱정, 돈이 많아도 적어도 걱정, 성적이 좋아도 나빠도 걱정, 한가해도 바빠도 걱정, 결혼을 해도 안 해도 걱정, 자식이 있어도 없어도 걱정, 아이도 중년도 노인도 걱정, 직장인도 무직자도 걱정, 고위직도 말단도 걱정입니다. 그러니 우리가 인생을 살아간다는 건 크고 작은 걱정거리를 하나둘씩 제거해 나가는 과정이기도 합니다.

문제는 그 걱정을 줄이거나 제거해 나가는 과정이 만만치 않다는 데 있습니다. 그게 만만하다면 누가 걱정을 하겠습니까? 아무리 노력해도 해결되지 않는 경우가 많습니다. 방법을 찾아보지만 제대로 적용해 보기도 전에 포기하기가 일쑤입니다. 지금까지 수많은 사람이 그 방법을 제시했지만 그것은 그의 방법일 뿐이었습니다. 그럴듯하여 자신에게도 적용해 보려 하지만 그게 말처럼 쉽지 않음을 인정하지 않을 수 없습니다. 그래서 공자께서는 그 방법을 미래에 초점을 맞추었습니다.

공자께서 말씀하셨다.
사람이 멀리 생각하지 않으면 반드시 가까이에 걱정이 있다.
子曰 人無遠慮 必有近憂
자왈 인무원려 필유근우

《논어》〈위령공〉 11장

멀리 생각하지 않으면 가까이에 근심이 있다는 말은 멀리 생각하면 가까이에 있는 근심 걱정이 줄어든다는 말입니다. 근심 걱정을 이겨 낼 수 있다는 의미입니다. 그러니 근심 걱정이 있다면 조금 더 멀리 생각해야 합니다. 희망과 꿈을 가지라는 말입니다. 미래에 대한 이 희망과 꿈과 목표가 지금 자신을 힘들게 하는 근심 걱정을 이겨 내는 힘이 되기에 그렇습니다.

근심 걱정은 멀리 봄의 함수입니다. 목표가 있는 사람은 근심 걱정이 작아지고 목표가 없는 사람은 근심 걱정이 커집니다. 목표나 꿈이 있으면 이를 달성하기 위해서 근심 걱정이 더 많아질 것 같은데도 이렇게 말한 의도는 분명합니다. 현실은 어렵고 곤궁하지만 현재 생각하는 꿈과 목표가 3년 후 혹은 5년 후에 이루어진다면 희망이 생기기에 근심 걱정이 줄어든다는 말입니다.

희망이 있다면 그 꿈과 목표는 도전의 대상이 됩니다. 도전이 쉽다면 그것은 도전이 아닌 일상입니다. 편안한 일상에서는 현재의 어려움이나 근심 걱정을 줄이기가 어렵습니다. 그러니 도전은 당연히 어려움을 동반합니다. 그 도전이 의미가 있다면, 그 도전이 이루어질 수 있는 일이라면, 그것은 당연히 해 볼 만한 일이고 해야만 하는 일이 되기에 의욕이 생기고 힘이 생깁니다.

사람들이 힘든 이유는 현실이 어려워서가 아니라 미래가 불안하기 때문입니다. 미래가 안정적이고 편안하다면 현실의 어려움은 어려움이 아닙니다. 미래가 불안하고 불편하다면 아무리 현실이 안정적이고 편안하다고 해도 현실의 근심 걱정을 피할 길이 없습니다. 그러니 有遠慮(유원려), 멀리 생각하면 無近憂(무근우), 근심 걱정이 없다고 공자께서 이른 것입니다.

40대 후반에 독일 아우슈비츠 나치 포로수용소에서 3년간 강제 수용을 당한 후 석방된 유대인 정신 의학자 빅터 프랭클은 강제 수용소에서의 경험을 바탕으로 쓴 《죽음의 수용소에서》에서 이렇게 말했습니다.

삶은 일반적이지 않기에 삶의 일반적인 의미를 묻는 물음은 멈추어야 한다. 삶은 이상적이지 않다. 일상의 삶은 말이나 상상처럼 되지 않는다. 각자의 삶은 매우 개인적이고 매우 명확하고 두루뭉술하게 넘어가지 않는다. 삶은 철학이 아닌 현실이다. 삶은 행동과 태도로 찾아내고 구해 내는 과정이다.

항상성, 사람들은 긴장이 없는 평온한 상태가 늘 변함없이 유지되기를 바라지만 이는 정신 건강에 매우 해롭다. 늘 따뜻하기만 하면 대지는 사막으로 변하고 늘 한가로우면 아침에 일어나는 것조차 귀찮아진다. 아무리 편안한 자세도 움직이지 못한다면 곧 고통이 된다. 그러니 자유 의지로 선택한 가치 있는 목표를 위해 노력하는 역동성이 필요하다.

자신에게 의미 있는 일을 역동적으로 실행하면서 적당한 긴장을 유지하는 삶이 정신 건강에 유리하다. 행복은 얻으려고 한다고 해서 얻어지는 것이 아니라 어떤 일의 결과로 나타나는 것이다. 성공도 마찬가지다. 찾는 것이 아니라 찾아오는 것이다. 인간은 조건 지워지고 결정지어진 존재가 아닌 상황에 굴복하든지 아니면 그것에 맞서 싸우든지 판단을 하는 존재다. 니체는 말했다.

"왜 살아야 하는지를 아는 사람은 그 어떤 상황도 견딜 수 있다."

열에 아홉이 죽었던 아우슈비츠 나치 포로수용소에서 그를 살린 강력한 동기는 '압수당한 원고' 그것을 다시 쓰고 싶다는 간절함 때문이었다고 회고했습니다.

미래를 생각할 인생 세 번의 시기

하루에도 수십 번씩 마음이 변하는 상황에 미래를, 그것도 아주 먼 미래를 생각하라는 건 말의 유희에 지나지 않는다고 생각할 수도 있습니다. 그동안 그런 말의 유희를 믿고 환상에 빠졌던 경우가 한두 번이 아니기 때문이기도 합니다. 한번 결심하면 그 마음을 오랫동안 유지할 수 있는 무던한 마음의 상태를 유지하기에는 세상에 너무도 많은 유혹이 있습니다. 휴대폰을 손이 닿지 못하는 먼 곳에 둘 용기가 없거나 '딩동' 알림이 왔을 때 바로 손이 간다면 그것은 더욱 그렇습니다.

그래도 우리는 압니다. 미래를 생각하지 않을 수 없다는 것을 알고 있습니다. 미래를 생각하지 않는 사람은 거의 없습니다. 개인의 미래와 가족의 미래와 간혹 사회 혹은 국가의 미래까지도 생각하곤 합니다. 막연한 희망으로 끝나는 경우가 많지만 그래도 우리는 꿈과 희망을 포기하지는 않습니다. "인생은 가까이 보면 비극이지만 멀리 보면 희극"이라는 찰스 디킨스의 말을 믿지 않는다고 해도 결국 인생은 그러하기 때문입니다. 현실이 즐거우면 미래가 기다려지지 않지만 현실이 힘들고 괴로울수록 기댈 곳은 미래뿐이기 때문입니다.

우리 인생에는 원려를 할 기회가 세 번 있을 것 같습니다.

그 첫 번째는 25세가 기준입니다.

25세 정도에 어떤 사람이 되어 있을지를 생각해 보는 것입니다. 인생의 첫 번째 원려이지요. 이 시기에는 우리 사회의 교육 시스템이 보이지 않는 기준이 되겠지만 부모의 기준과 생각이 중요한 초석이 됩니다. 부모의 원려가 중요합니다. 초등, 중등, 고등, 대학 과정을 멀리 보는 부모의 시각이야말로 자식에게 보이지 않는 든든한 믿음이 될 것이기 때문입니다.

'잘할 수 있다'는 부모의 끝없는 지원과 믿음은 25세의 멋진 청년이 되어 돌아올 것입니다. 그게 인생 첫 번째의 원려로 부모가 자식에게 줄 수 있는 선물입니다. 25세의 멋진 청년은 당연히 쉽게 되지 않습니다. 그 어떤 아이도 한 방에 멋진 청년이 되지는 않습니다. 먼 길을 돌아서 올 수도 있고 깊은 계곡을 지나 올 수도 있기에 그때마다 함께 이겨 낼 수 있는 원려가 필요합니다. 그 원려의 힘은 언제 발현될지 아무도 모릅니다. 초등학교, 중학교, 고등학교, 대학교를 지나면서 한 번만이라도 제대로 이겨 낼 수 있다면 원려는 기회가 됩니다.

그 두 번째는 50세가 기준입니다.

50세 정도에 어떤 사람이 되어 있을지를 생각해 보는 것입니다. 인생의 두 번째 원려이지요. 직장인으로 살든 사업가의 삶을 살든 마찬가지입니다. 업무를 통해, 비즈니스를 통해 어떤 역량을 쌓고 어떤 성과를 만들어 지천명, 나이 50 정도에 어떤 사람이 되기를 바라는지에 대한 원려를 해야 합니다.

직장인이라면 조직 시스템을 따라 사원, 대리, 과장, 부장을 따라 자연스럽게 목표가 정해진 듯 보여도 그게 다가 아닙니다. 이 시기는 성공적인 50대를 만들어 가는 상사와 선배가 좋은 본보기가 될 것입니다. 원려가 명확할수록 목표가 분명하고 간절할수록 질곡의 강을 건너고 스트레스의 계곡을 원활하게 넘을 수 있습니다. 사원, 대리, 과장, 부장 단계가 모두 어려운 단계임에 틀림이 없지만 원려가 분명하다면 그것은 기회의 단계이기도 합니다. 원려의 힘이 이를 증명할 것이기 때문입니다.

그 세 번째는 75세가 기준입니다.

75세 정도에 어떤 사람이 되어 있을지를 생각해 보는 것입니다. 인생의 세 번째 원려이지요. 인생의 중간에서 바라본 미래 25년은 특별한 의미가 있습니다. 이미 50년을 살아온 경험과 경력이 있기에 그렇습니다. 인생 전반전과는 차원이 다른 경험을 가지고 인생 3라운드를 설계할 수 있기에 그렇습니다.

지난 25년이 마음에 들었다면 살아온 그대로의 방식으로 살아도 문제는 없습니다. 하지만 지난 25년의 결과가 마음에 들지 않았다면 이제는 그 방법을 바꾸어야 할 때입니다. 이제 진짜 내 인생다운 인생을 살아 볼 수 있는 차례이기에 그렇습니다. 내가 주인다운 주인이 되어 내 인생을 펼쳐 볼 수 있는 마지막 시간이 될지도 모르기 때문입니다.

어떤 간절함으로 인생의 원려를 정할 수 있다면 이 세 번째 시기는 우리의 인생에서 가장 즐겁고 행복한 인생의 시간이 될 것입니다. 도전다운 도전의 시기가 되며 실패하든 성공하든 인생의 행복한 여정이 될 것입니다.

원려는 꿈입니다. 간절한 꿈입니다. 목표입니다. 명확한 목표입니다. 조금 더 먼 목표입니다. 중장기적인 목표를 말합니다. 원려는 인생에도 업무에도 일에도 모두 적용 가능합니다. 꿈과 목표를 정했다고 해서 현실의 어려움이 없어지는 것은 아니지만 그 꿈이 간절할수록, 그 목표가 명확할수록, 장기적인 목표가 분명할수록 현실의 어려움이나 근심 걱정을 이겨 낼 수 있습니다.

꿈과 목표가 없는 삶은 희망이 없는 삶입니다. 근심과 걱정 속에서 허우적거리는 삶일 확률이 매우 높습니다. 아무리 손발을 허우적거려도 미래가 보이지 않는 막막한 시간의 연속일 수 있습니다. 하지만 꿈과 목표가 생긴 사람에게 현실적인 근심과 걱정거리는 앞을 가로막는 장애의 장벽이 아니라 극복의 대상이 됩니다. 걸림돌을 극복할 수 있는 생기를 불어넣는 도구가 바로 꿈과 목표입니다. 그러니 힘들수록 꿈과 목표의 힘을 찾아야 합니다. 근심 걱정이 생길수록 꿈과 목표에 손을 내밀어야 합니다.

꿈과 목표는 가능하면 크고 분명해야 합니다. 꿈과 목표가 크다면 새로운 어려움은 피할 수 없는 단계가 되겠지만 그렇다고 걱정할 일이 아닙니다. 그 단계는 우리가 원하는 성공으로 가는 징검다리이기 때문입니다. 그런 징검다리를 만나 한 발 한 발 건너고 싶다면 우리는 원려의 힘을 믿을 필요가 있습니다. 2,500년 전에도 1,000년 전에도 지금도 그리고 미래에도 말입니다.

필선리기기
必先利其器

자신의 칼부터
갈아 놓아야 한다

제자인 자공이 인을 이루는 방법에 관해 물었을 때 공자는 뜬금없게도 기술자를 예로 들어 대답합니다. "기술자가 일을 잘하고 싶으면 먼저 연장을 잘 갈아 놓아야 한다" 했습니다. 이는 공자의 특기이기도 합니다. 제자를 가르치는 독특한 방법이었습니다. 그래야 이해하기 쉽기 때문입니다. 공자의 쉬운 설명에는 우리의 삶을 관통하는 통찰력이 들어 있습니다.

자공이 인을 행하는 일에 관하여 물었을 때 공자께서 말씀하셨다.

기술자가 일을 잘하려면 반드시 먼저 연장을 갈아 놓아야 한다. 나라에서 잘 살고자 하면 현명한 대부를 섬기고 어진 선비와 벗해야 한다.

子貢問爲仁子曰 工欲善其事 必先利其器 居是邦也 事其大夫之賢者 友其士之仁者

자공문위인자왈 공욕선기사 필선리기기 거시방야 사기대부지현자 우기사지인자

《논어》〈위령공〉 9장

人(사람 인)과 二(둘 이) 자의 합인 仁(인)은 '두 사람'을 의미합니다. 인은 두 사람의 관계로 시작됩니다. 혼자 있으면 발생하지 않을 문제도 두 사람이 되면 발생하기 때문입니다. 나와 부모, 나와 형, 나와 동생, 나와 할머니 할아버지, 나와 선생님, 나와 친구, 나와 선배, 나와 후배, 나와 이웃, 나와 손님, 나와 고객, 나와 목사, 나와 신부, 나와 학교, 나와 국가까지도 다 둘의 관계입니다. 서로의 생각과 상황, 처지가 다르기에 갈등을 피하기가 어렵습니다. 하지만 두 사람이 모였을 때 서로 싸우지 않고 서로 사랑하고 이해하여 조화롭고 평화롭게 살아갈 수 있는 마음, 그 마음이 바로 '어진 마음 인'입니다.

여기서 인을 이루는 방법에 관한 자공의 질문은 매우 의미가 있습니다. 인의 중요성을 알고 있지만 아는 것과 행하는 일은 다

르기 때문입니다. 당시 공자의 제자도 지금 우리도 인을 모르는 사람은 거의 없습니다. 두 사람 간에 발생하는 갈등을 좋아할 사람은 아무도 없습니다. 그런데 그 방법을 잘 모르는 것이지요. 단순히 알고 이해하는 일보다 실천하는 게 더 어려운 일이기 때문입니다. 이에 공자의 대답이 아주 명쾌합니다.

"예를 들어 보겠다. 목수가 가구를 제작하기 전에 반드시 먼저 끌과 정, 대팻날을 예리하게 갈아 놓아야 한다. 일류 목수라 해도 대팻날이 예리하지 않으면 좋은 결과를 내기가 어렵다. 그러니 아무리 일류 목수라 해도 작업하기 전에 반드시 도구를 예리하게 갈아 놓아야 한다.

다른 예를 들어도 마찬가지다. 요리사가 요리를 잘하려면 먼저 조리 도구를 준비하고 칼을 예리하게 갈아 놓아야 한다. 일류 요리사라고 해도 조리 도구 없이는 불가능하고 식칼이 날카롭지 않으면 좋은 결과를 얻기 어렵다. 그러니 아무리 일류 요리사라 할지라도 음식을 만들기 전에 도구를 예리하게 갈아 놓아야 한다."

이는 목수도 요리사도 농부도 어부도 마찬가지입니다. 직장인도 사업가도 정치가도 법률가도 마찬가지입니다. 세상의 그 어떤 직업도 다 마찬가지입니다. 자기 분야에서 좋은 성과를 내고 싶다면 먼저 준비해야 합니다. 목수는 대팻날을 예리하게 갈고,

요리사는 식칼을 날카롭게 갈고, 농부는 쟁깃날을 갈아 끼고, 어부는 어망을 촘촘하게 다듬어야 합니다. 직장인도 실력과 근성을, 사업가도 기획력과 창의성을, 정치가도 애민 정신과 리더십을, 법률가도 공정과 인성을 장착해야 합니다. 그래야 함께 일하는 동료들에게 피해를 주지 않습니다.

준비되지 않은 채로 일터에 나가면 순식간에 갈등이 발생합니다. 우리는 혼자 일하지 않습니다. 어떤 일을 하든 돕고 도우며 일합니다. 자신의 역할을 분명하게 해내지 못하면 함께하는 동료나 상사, 부하로부터 불만을 만듭니다. 그건 부부간에도 동료 간에도 선후배 간에도 부하와 상사 간에도 스승과 제자 간에도 주인과 고객 간에도 다 마찬가지입니다. 그게 두 사람 간의 인을 유지하는 방법이기 때문입니다. 그게 일을 잘하는, 좋은 성과를 내는 방법이기에 그렇습니다. 그래야 두 사람을 넘어 세 사람, 열 사람, 1,000명, 1만 명이 유익해지고, 시민과 국민 우리 모두 행복해지는 길이기에 그렇습니다. 인은 멀리 있지 않습니다. 아주 가까이에 인이 있습니다.

공자의 가르침은 계속됩니다.

"자공아 이 나라에서 잘 살고자 하면 현명한 대부를 섬기고 어진 선비와 벗해야 한다."

인을 행하는 첫 번째는 칼을 가는 일입니다. 공자는 자공에게 당장 해야 할 일은 칼을 예리하게 가는 일에 열중하는 것을 강조하면서 인을 실천하는 2단계를 알려 주고 있습니다. 스스로 실력을 갖춘 다음 나라에서 잘 살고자 하면 현명한 대부를 섬기고 어진 선비와 벗해야 함을 말입니다.

'학업과 함께 기본적인 준비를 마치고 사회로 나가 잘 살고자 한다면 다음 두 가지를 잊지 말아야 한다. 첫째는 현명한 상사를 잘 섬기고, 둘째는 어진 사람들과 함께해야 한다. 이것이 인을 행하는 요체임을 잊지 말아야 한다'와 같은 말입니다.

자신의 업무를 잘하려면 기본적인 장비나 기술을 미리 연마해 놓아야 합니다. 예나 지금이나 멋진 인생길을 가고 싶다면 이미 그 분야에서 성공한 멘토를 찾아 그를 따르고 배우는 것이 가장 빠르고 확실한 방법입니다.

현명한 상사, 어진 상사를 잘 따르고 배우는 일은 매우 중요합니다. 그 누구도 배우지 않고 선두에 선 사람은 없습니다. 'Good Follower is Good Leader', 잘 따르는 사람이 결국 좋은 리더가 되기 쉽습니다. 그 사람을 보면 그의 상사가 누구였는지 알 수 있습니다. 그 친구를 보면 그를 알 수 있습니다. 그가 어떤 사람인가를 알려면 그가 누구와 함께 있었는가를 알면 됩니다.

자공은 공자를 만났기에 공자의 다섯 손가락 안에 들어가는 훌륭한 제자가 되었습니다. 위나라 출신으로 성은 단목, 이름은 사, 자공은 그의 자입니다. 공자보다 31세 아래였습니다. 공문십철(孔門十哲)의 한 사람으로 언변과 외교술이 뛰어났습니다. 논리적인 언변으로 상업에 능하여 노나라에서 제일가는 거부가 되었습니다. 자공은 외교 무대에서 크게 활약했으며 노나라와 위나라에서 재상을 역임하기도 했습니다.

각자 자신의 일을 잘하면
세상만사가 잘 돌아간다

하나 더, 연장을 가는 일은 인을 실천하는 방법입니다. 연장을 잘 갈아 놓으면 일을 잘할 수 있기 때문입니다. 자신이 맡은 일을 잘 완수해 내면 함께하는 사람들과 다툴 일이 없어집니다. 함께하는 사람들과 다툼과 갈등이 없는 곳이 바로 인한 세상입니다. 그러니 연장을 가는 일이 바로 세상을 인하게 만드는 길입니다.

성공한 멘토나 현명하고 상사를 잘 따르고 어진 동료들과 가까이하는 일은 인을 실천하는 방법입니다. 인을 배울 수 있기 때문입니다. 이를 위해 선행할 일이 하나 있습니다. 바로 工欲善其事(공욕선기사)입니다. 연장을 갈기 위해서는 먼저 필요한 게 있습니다. 일을 잘하려는 기술자의 욕심입니다.

결국 눈에 잘 띄지는 않아도 자신의 역할을 충실히 해내는 사람이 바로 영웅입니다. 그런 작은 영웅들이 모인 나라가 멋진 나라고 살 만한 나라입니다. 공자가 평생을 거쳐 그토록 만들고 싶었던 인한 세상의 모습입니다.

　그러니 인은 대단한 일이 아닙니다. 군주는 군주답고 신하는 신하다우면 됩니다. 아버지는 아버지답고 아들은 아들다우면 됩니다. 대통령은 대통령답고 장관은 장관다우면 됩니다. 목수는 목수답고 요리사는 요리사다우면 됩니다. 농부는 농부답고 어부는 어부다우면 됩니다. 직장인은 직장인답고 사업가는 사업가다우면 됩니다. 정치가는 정치가답고 법률가는 법률가다우면 됩니다.

　자기 일을 잘하는 사람이 어진 사람입니다. 자신의 임무를 충실히 해내는 사람이 어진 사람입니다. 그런 사람이 많은 마을이 어진 마을입니다. 그런 마을이 많은 나라가 살기 좋은 나라입니다. 자기 일을 잘 해내는 사람은 다른 사람과 싸울 일이 없습니다. 주변의 다른 사람에게 부담을 주거나 피해를 주지 않기 때문입니다.

　힘 있고 백 있는 사람만이 판치고 사는 사회라면 희망이 없는 사회입니다. 힘 있고 배경 좋은 사람을 탓할 수는 없지만 그들의 행위가 공정하지 않다면 질타를 받아야 하는 게 정상입니다. 그들을 질타할 수 없는 사회라면 그건 희망이 없는 사회입니다. 설사 자유롭게 질타할 수는 있다고 해도 고쳐지지 않는 사회라면 그 역시 희망 없는 사회입니다. 희망 없는 사회는 결국 구성원 모두가 불행해지는 사회입니다. 그래서 2,500년 전에도 공자가 그토록 인한 사회를 원했던 것이겠지요.

"기술자가 일을 잘하려면 반드시 먼저 연장을 갈아 놓아야 한다."

자신이 원하는 행복한 삶을 일구어 내기 위해서는 반드시 먼저 '나'라는 연장을 예리하게 갈아 놓아야 합니다. 2,500년 전부터 단 한 번의 예외가 없었던 방법입니다. 힘들지만 행복한 삶을 만들어 낸 사람들이 하나같이 사용했던 비밀의 방법이 바로 이것이라면 우리도 따르지 않을 이유가 없지요. 그게 방법이라면, 그게 전략이라면 말이지요.

금여휙
今女畵

긍정하는 사람만이
그 일을 하고 만다

2024년 5월 마지막 날 출근길, CBS 라디오 〈김현정의 뉴스쇼〉에 장애인과 비장애인의 경계를 허무는 유튜브 채널인 〈위라클〉을 운영하면서 TV 예능인으로, 대중 강연자로, 작가로 종횡무진 활동하고 있는 박위 씨가 초대되었습니다. 출근하는 차 안에서 가슴을 찡하게 울렸던 인터뷰의 한 대목입니다.

김현정 앵커: 무엇이 그렇게 박위라는 사람을 다시 일으키고 울지 않게 하고 강인하게 하는 원동력이었어요?

박위: 어머니는 제가 전신 마비 진단받은 그 직후부터 10년

이 지난 지금까지도 심지어 오늘 아침에도 "위야, 넌 반드시 일어날 거야", 단 한 번도 어머니는 그 말씀을 안 하신 적이 없어요. "너는 반드시 두 발로 일어서서 걷고 뛰어다닐 거야"라고. 그런 어머님의 강인한 믿음이 제가 지치지 않을 수 있게 큰 힘을 주셨던 것 같아요.

10년 전 불의의 사고로 전신 마비 진단을 받은 후 유튜브 채널 〈위라클〉을 통해 희망을 전하고 있는 하반신 마비 청년 박위의 이야기는 큰 감동이었습니다. 그가 쓴 책의 표지에 쓰인 문장 또한 감동적이었습니다.

"저는 고난을 극복하지 않았어요. 고난 속에서 기쁨을 찾아 행복을 느끼는 중이죠."

저는 이 장애가 저에게 어떤 단점이라고 생각을 못 하는 것 같아요. 그러니까 이건 어떤 일부분일 뿐이지 이걸로 인해서 위축된 건 아닌 것 같고, 오히려 이런 어려움 속에서 내가 밝게 살아가고, 또 좀 희망을 줄 수 있는 존재라는 게 오히려 저한테 자존감을 높이게 해 준다고 생각해요.
그러니까 저도 다치기 전에는 몰랐던 것 같아요. 제가 병원에 누워 있는데, 옆 침대에 이렇게 누워 있는 사람이 갑자기

등받이 없이 혼자 앉아 있는데 그게 제 눈에 너무 신기한 거예요. 아니, 어떻게 사람이 등받이 없이 앉아 있을 수가 있지. 그런데 그 사람이 갑자기 두 발로 내려와서 땅에 발을 딛고 걸어가니까 제 눈에는 그게 기적처럼 보이더라고요. 그래서 그때 처음 깨달았어요. '나는 이미 기적과도 같은 삶을 살고 있던 것이었구나'라는 것을 그때 깨달으면서 우리는 이미 너무나 가진 게 너무 많은데 남과 비교하면서 지금 나한테 없는 걸 바라보잖아요. 그러면서 우리가 불행해지는데, 그럴 필요가 없구나라는 것을 그때 깨달은 거죠.

공자의 10대 제자 중의 하나였던 염구는 자로와 함께 정치에 능한 제자였습니다. 대부 집안의 군사와 재정 정도는 무난하게 관리할 수 있는 능력 있는 제자라 할 만큼 정치와 행정 쪽으로 탁월했던 염구는 노나라 계씨 가문의 재(宰)로서 일하기도 했습니다. 공자보다 29세가 어렸던 염구의 단점은 소심한 성격이었습니다.

염구가 말했다.
스승님의 도를 기뻐하지 않는 것은 아니지만 힘이 부족합니다.
공자께서 말씀하셨다.

힘이 부족한 자는 중도에서 그만두는데 지금 너는 획을 긋고 있구나.

冉求日 非不說子之道 力不足也 子日 力不足者中道而廢 今女畫

염구왈 비불열자지도 역부족야 자왈 역부족자중도이폐 금여획

《논어》〈옹야〉 10장

"저는 스승님의 가르침을 기뻐하지만 그대로 실행하기에는 힘이 좀 부족한 것 같습니다."

이 문장에서도 염구의 소심한 성격이 그대로 나타납니다. 그러니 공자께서 이렇게 말씀하십니다.

"제발 안 된다는 부정의 한계선을 미리 긋지 말거라."

역부족을 이기는 힘

力不足(역부족)은 '힘이 부족하다'는 뜻입니다. 해 보지도 않고 처음부터 '어렵다, 힘들다, 가망 없다'고 생각하는 일은 결국 그렇게 됩니다. 백지도 양면이 있듯 아무리 사소한 일도 긍정적

인 면과 부정적인 면이 있게 마련입니다. 같은 상황이라면 긍정을 선택해야 가능성이 생깁니다.

어떤 사람은 힘이 있든 없든 따라가기 어렵다고 생각합니다. 어떤 사람은 힘이 있든 없든 따라가기 어렵지 않다고 생각합니다. 힘이 있어도 따라가기 어렵다고 생각하는 사람은 따라가기 어렵습니다. 힘이 없어 따라가기 어렵다고 생각하는 사람도 따라가기 어렵습니다. 힘이 있어 따라가기 어렵지 않다고 생각하는 사람은 따라갑니다. 힘이 없어도 따라가기 어렵지 않다고 생각하는 사람은 어떻게든 따라갑니다. 그러니 지금 힘이 있든 없든, 실력이 있든 없든 '하겠다'는 마음이 있다면 하게 됩니다.

누구나 살면서 힘이 빠질 때가 있습니다. 상황이 좋지 않을 때가 있습니다. 사랑하는 가족이 깊은 병에 걸렸을 때, 어느 날 갑자기 해고 통지를 받았을 때, 월말이 되어도 수입이 0일 때, 교통사고를 당했을 때, 10년 이상을 함께한 반려견이 죽었을 때, 믿었던 사람에게서 배신을 당했을 때 우리는 종종 죽음보다 더 깊은 어둠 속으로 빠져들게 됩니다.

그 일이 다른 사람에게 일어나면 사실 크게 놀라운 일도 아닙니다. 어찌 보면 우리 주변에는 그런 일이 자주 일어나니까요. 하지만 그게 아무리 자주 일어나는 일이라 해도 자신에게 일어난다면 상황은 크게 달라집니다. 삼자가 느끼는 감정과 당사자가 되어 느끼는 감정과 고통은 전혀 다른 일이기에 그렇습니다.

평소에는 힘이 부족하다고 생각한 적이 없었지만 이런 피할 수 없는 일이 벌어지면 누구나 역부족을 느끼게 됩니다. 최선을 다해야 한다는 걸 모르는 게 아니지만 몸이 말을 듣지 않기가 십상입니다. 슬픔을 당한 다른 이에게는 위로의 말을 해 줄 수도 있지만 자기 자신에게 위로와 위안을 준다는 건 말처럼 쉬운 일이 아니기에 더 그렇습니다.

그럴 때가 바로 今女畫(금여획), "지금 너는 획을 긋고 있구나"라는 공자의 말을 끄집어 볼 때입니다.

힘들지만, 너무 힘들지만 그래도 이 상황을 어떻게 볼 것인가? 그나마 긍정적으로 볼 것인가 아니면 부정적으로 볼 것인가?

얇은 A4 용지도 앞뒤 면이 있습니다. 앞뒤의 구분이 거의 없습니다. 앞면을 선택하든 뒷면을 선택하든 별반 차이가 없습니다. 객관적으로 차이가 없음에도 자기 주관에 불가능하다고 생각하면 그 일은 어려워집니다. 객관적으로 차이가 없음에도 자기 주관에 가능하다고 생각하면 그 일은 쉬워집니다. 시작도 하기 전에 이미 결과는 시작됩니다. 그러니 긍정의 획을 그어야 합니다. 그것은 선택입니다. 그게 전략적 선택입니다.

얇은 A4 용지도 양면이 있듯이 우리가 삶에서 해결해야 할 문제나 과제는 늘 양면이 존재합니다. 그 어떤 사안도 100% 확정적인 건 없습니다. 우리가 만나는 대부분의 일은 될 수도 있고 되지 않을 수도 있습니다. 물론 아주 쉬운 일도 있고 어려운 일도 있지만 가치가 있는 일일수록 그 성취의 어려움은 더 큽니다. 어떤 일이나 시작은 선택에 있습니다. 긍정적이냐 혹은 부정적이냐가 너무 중요합니다. 비슷하다면 긍정을 선택해야 합니다. 혹시 그게 피할 수 없는 경우라면 더욱 긍정적으로 생각해야 합니다.

여지하
如之何

아무 궁리도 하지 않으면
아무 일도 일어나지 않는다

십 수 년 전 잠실 석촌호수 산책길을 걸으면서 천자문을 외웠습니다. 2.6킬로미터의 호수 둘레길을 매일 점심시간마다 4자 정도씩의 천자문을 웅얼거리며 운동과 소화를 겸해 걸었습니다. 물론 천자문을 모두 다 외운 건 아니지만 많은 한자를 외우고 나니 한자가 서서히 눈에 들어왔습니다.

몇 달 후 서점을 가니 이번에는 《논어》가 눈에 들어왔습니다. 전에도 자주 서점을 들렀지만 관심 밖이라 눈에 들어오지 않던 《논어》가 갑자기 손에 잡혔습니다. 그렇게 저의 《논어》는 시작되었습니다.

매일 하는 산책은 아이디어의 산실이 됩니다. 특히 일정을 잡아 놓고 책을 쓸 때 루틴으로 하는 산책은 다양한 이야기 소재를 마련해 줍니다. 산책하면서 음악을 듣거나 영상을 시청하는 것도 좋은 방법이긴 하지만 저는 주로 《논어》를 중얼거리며 혹은 그것을 생각하면서 걷습니다.

3~4개월 목표를 잡고 책 쓰기에 들어가면 하루 일정은 대개 비슷하게 반복됩니다. 하루에 써야 할 분량은 이미 정해져 있는데 도대체 진도를 나가지 못하는 날이 많습니다. 책 쓰기 초기에는 그래도 이것저것 다양한 사례가 있어 글쓰기에 속도가 붙지만 조금 지나면 그것마저도 어려워집니다. 그럴 때 산책은 큰 도움이 됩니다. 드디어 목적 있는 산책이 시작됩니다.

요즘은 사무실 근처인 미사십리 산책길을 걷습니다. 미사십리 산책길은 경기도 하남시에 있는 미사리 한강 둑방길로, 푸른 한강을 따라 4.9킬로미터에 이르는 울창한 나무 터널이 아름다운 길입니다. 봄, 가을, 겨울에는 햇살이 좋은 한낮에 산책하지만 뜨거운 여름에는 사무실로 출근하기 전에 미리 산책합니다. 책에 쓸 《논어》 어구 하나를 가지고 걷습니다.

'어떤 내용의 글을 써야 할까? 어떻게 하지? 어떤 소재를 찾아야 하지?'

그런 생각으로 첫걸음을 내딛지만 1시간 산책이 끝날 때쯤이면 대부분은 다양한 이야기 소재들이 머릿속을 즐겁게 합니다. 산책을 마치고 9시까지 사무실로 출근하여 아메리카노 한잔하면서 오전 글쓰기를 시작합니다.

공자께서 말씀하셨다.
어찌해야 할까? 어찌해야 할까?라고 말하지 않는 사람은
나도 이미 어찌할 수가 없구나.
子曰 不曰如之何如之何者 吾末如之何也已矣
자왈 불왈여지하여지하자 오말여지하야이의

《논어》〈위령공〉15장

아무리 막막해도 궁리하면 뭔가 헤집고 나갈 틈이 보이기 시작합니다. 생각하고 또 생각하면 아이디어가 떠오릅니다. 한 발 한 발 내딛기 시작하면 전혀 생각지도 못했던 좋은 생각들이 꼬리에 꼬리를 물고 고구마 줄기처럼 나타납니다.

이게 바로 '여지하'의 힘입니다. '소재를 어찌해야 할까?' 어제까지만 해도 전혀 생각지도 못했던 너무도 산뜻한 이야기 소재를 이미 내가 가지고 있었다는 사실에 놀라곤 합니다. 오늘도 그런 이야기를 이렇게 쓰면서 '여지하, 어찌해야 할까?'의 힘을 더 믿게 되었습니다.

"어찌해야 할까? 어찌해야 할까?라고 말하지 않는 사람은 나
도 이미 어찌할 수가 없구나."

이는 2,500년 전 공자께서 단순히 제자들의 교육이나 훈육을
위해 일시적으로 던진 말이 아닙니다. 공자의 삶이 '여지하'의
삶이었습니다. 공자께서는 〈위령공〉에서 이렇게 말했습니다.

내 일찍이 낮에는 먹지도 못하고 밤에는 잠도 못하면서 생
각해 보았으나 도움되는 게 없었다. 배우는 것만 못했다.
吾嘗 終日不食 終夜不寢 以思無益 不如學也
오상 종일불식 종야불침 이사무익 불여학야

《논어》〈위령공〉 30장

삶의 여러 가지 고민과 걱정을 해결하기 위해 낮에는 밥도 제
대로 먹지 못하고 밤에는 잠도 설쳐 가면서 생각한 결과, 공자가
찾아낸 방법은 바로 '學', 공부였습니다. 그가 그렇게 치열하게 궁
리하고 고민하지 않았다면 배움이라는 효용을 찾기 어려웠을 것
입니다.

'어찌해야[如之何] 할까? 어찌해야 할까? 춘추 시대 이 난국을
극복하기 위해서 정말 어찌해야 할까? 격변의 춘추 시대에서 전

쟁의 전국 시대로 휘말려 들어가는 이 상황을 어떻게 바꾸어 놓아야 할까?'

춘추 시대 최고의 지식인으로서 공자는 궁리에 궁리를 거듭했습니다. 궁리 끝에 그 대안으로 배움을 찾았던 것입니다.

공자는 배움으로 시작하여 배움으로 끝나는 호학의 삶을 살았습니다. 공자의 제자들은 그런 스승의 삶을 근거리에서 보았기에 공자가 죽은 후 제자들끼리 모여 《논어》를 편찬할 때 《논어》의 첫 번째 문장으로 "學而時習之不亦說乎"를 꼽았던 것입니다.

'배우고 때때로 익히니 이 또한 기쁘지 아니한가?'

《논어》의 첫 번째 글자를 學으로 삼은 데는 배움을 강조하고 그런 인생을 스스로 살았던 스승의 체취가 젖어 있었기 때문입니다. 공자는 끝없이 궁리했고 배움을 찾았습니다. 그 배움을 통해 동양 최고의 성인의 반열에 오르게 되었습니다. '어찌해야 할까? 어찌해야 할까?' 그 여지하 정신이 공자를 만들었습니다. 그러니 제자들에게 당당히 말한 것입니다.

"어찌해야 할까? 어찌해야 할까?라고 말하지 않는 사람은 나도 이미 어찌할 수가 없구나."

원하는 바를 얻고 싶다면
끊임없이 '여지하'하라

좋은 직장 나쁜 직장이 따로 있는 것이 아니라 그 안에서 어떻게 일하느냐가 더 중요합니다. "어찌해야 할까? 어찌해야 할까?"라고 스스로 궁리하지 않는 사람은 아무리 좋은 직장을 다닌다 해도 좋은 결과를 얻기가 어렵습니다.

좋은 사업 나쁜 사업이 따로 있는 것이 아니라 그 안에서 어떻게 사업을 하느냐가 더 중요합니다. "어찌해야 할까? 어찌해야 할까?"라고 스스로 궁리하지 않는 사람은 아무리 좋은 사업을 한다 해도 좋은 결과를 얻기가 어렵습니다.

강연에 좋은 주제 나쁜 주제가 따로 있는 것이 아니라 그 안에서 어떻게 강연하느냐가 더 중요합니다. "어찌해야 할까? 어찌해야 할까?"라고 스스로 궁리하지 않는 사람은 아무리 좋은 주제로 강의한다 해도 좋은 결과를 얻기가 어렵습니다.

그래야 공부가 됩니다. 문제는 스스로 풀어야 합니다. 그래야 진짜 실력이 됩니다. 생각하고 궁리해서 풀어야 합니다. 어찌해야 할까를 반복해야 합니다. 한번 궁리해서 풀리는 문제라면 그것은 문제도 아닙니다. 풀기 쉬운 문제는 가치가 떨어집니다. 진짜 귀한 건 풀기 어려운 문제일지도 모릅니다. 다섯 번 궁리를 반복하면 풀릴 문제를 네 번째 포기하고 나가떨어진다면 그건 궁리하지 않은 것과 같은 결과일 뿐입니다.

《논어》〈위정〉 15장에서도 공자의 가르침은 반복됩니다.

생각 없이 배우면 허망해지고 생각만 하고 배우지 않으면
위태로워진다.
學而不思則罔 思而不學則殆
학이불사즉망 사이불학즉태

생각 없는 공부는 진짜 공부가 아닙니다. 생각 없는 실천은 진
짜 실천이 아닙니다. 원하는 결과를 얻기 힘들기 때문입니다. 업
무가 업무로 끝나서는 안 됩니다. 업무가 급여로만 끝나서는 안
됩니다. 직장 생활을 연봉으로만 맞바꾸어서는 안 됩니다. 업무
는 자기 미래의 퍼스널 브랜드가 되어야 합니다. 업무는 현재의
직장을 퇴직하더라도 계속 자신을 살리는 강점으로 남아야 합
니다. 직장 생활은 일을 통해 당당한 내가 되는 과정이어야 합니
다. 그런 결과를 위해 필요한 게 있다면 바로 '여지하'입니다.
사장이 여지하를 하지 않고 직원에게만 여지하를 바라고 있다
면 그 회사는 희망이 없는 기업입니다. 사장이 여지하를 하지 않
으면 직원은 절대로 절대로 여지하를 하지 않습니다. 사장이 여
지하를 해도 직원의 반 이상은 여지하를 하지 않습니다. 이리저
리 눈치를 보며 쉽게만 가려고 하기 때문입니다. 직원은 사장을
욕하면서 월급을 가져가지만 사장은 여지하를 외치는 직원의 반

만이라도 믿고 격려해야 합니다. 그래야 눈치만 보는 나머지 반의 월급을 제날에 지급할 수 있기 때문입니다.

삶의 숙제도 스스로 풀어야 합니다. 우리 사회가 사랑과 배려를 외치고 있지만 그 목소리가 크면 클수록 사랑과 배려가 더 없다는 징표입니다. 인생 전반도 인생 후반도 누구 하나 나를 도와줄 사람이 없습니다. 그러니 여지하가 누구에게나 어디서나 필요한 이유입니다. 좋은 인생 후반, 나쁜 인생 후반이 따로 있는 게 아니라 인생 후반에 어떻게 일을 하느냐가 더 중요합니다. '어찌해야 할까? 어찌해야 할까?'라고 스스로 궁리하지 않는 사람은 아무리 좋아하는 일을 하면서 인생 후반을 보낸다 해도 좋은 결과를 얻기가 어렵습니다.

본인 스스로가 '어찌해야 할까? 어찌해야 할까?'를 반복적으로 생각해야 합니다. 그렇지 않으면 세계 4대 성인인 공자조차도 이를 어찌할 수가 없다 했습니다.

'궁하면 통한다'는 말이 가만히 앉아 기다리는 사람에게까지 그렇다는 건 아닙니다. 아무 짓도 하지 않으면 아무 일도 일어나지 않습니다. 궁리하지 않으면 절대로 통하지 않습니다. 생각하지 않으면 풀리지 않습니다. 2,500년 전에도 지금도 2,500년 후에도 마찬가지입니다.

오일삼성
吾日三省

매일 세 가지는
성찰하라

공자가 73세의 일기로 죽고 수십 년이 지나 증자와 유자 그리고 그들의 제자들에 의해 최초의 《논어》가 편찬되었습니다. 《논어》에 등장하는 30여 명의 제자 중 유독 2명의 제자에게만 스승의 의미인 자(子)를 붙였습니다. 증삼을 증자라, 유약을 유자라 칭했습니다. 증자와 유자의 제자들이 주축이 되어 《논어》를 편찬했기 때문에 공자에게 다른 훌륭한 제자들이 있었음에도 오직 두 사람에게만 특별히 존칭을 쓴 것이라 합니다. 공자가 70세쯤에 증삼은 24세, 유약은 27세, 자공은 39세, 자하는 26세였기에 증삼과 유약은 비교적 젊은 제자였습니다.

《논어》는 전체 20편으로 구성되어 있습니다. 그 첫 번째 편이 〈학이〉입니다. 〈학이〉에는 공자, 증자, 유자, 자공, 자하 총 다섯 명의 인물이 등장합니다. 16개의 장으로 구성된 〈학이〉는 공자의 가르침이 8개 장, 제자들의 가르침이 8개 장입니다. 제자의 가르침은 유자 3개 장, 증자 3개 장, 자공 2개 장, 자하 1개 장입니다.

〈학이〉에서도 유독 유자와 증자의 어록을 강조하여 유자의 말을 2장, 12장, 13장, 증자의 말을 4장, 9장, 자공의 말은 10장, 15장, 자하의 말은 7장에 배치했습니다. 문장의 배치가 크게 중요한 건 아니겠지만 증자와 유자의 제자들이 《논어》의 편집에 주도권을 잡고 있었던 것만큼은 분명해 보입니다.

증자는 이름은 증삼이며 공자의 사상을 계승하고 발전시켜 《효경》을 집필하였고, 사서오경 중 하나인 《대학》의 편저자로 알려져 있습니다. 증자는 공자의 손자인 자사를 가르쳤고 자사는 맹자에게 영향을 끼쳤습니다. 또한 증자는 유교의 법통이 공자에서 맹자로 이어지는 데 가교 역할을 했던 동양오성(東洋五聖)의 한 사람입니다. 동양오성은 공자, 안자(안회), 증자, 자사, 맹자입니다.

학창 시절, 선생님이 내 준 숙제를 하지 못한 날 등교하는 발걸음은 늘 천근만근이었습니다. 선생님의 회초리가 두렵기도 하거니와 공부에 대한 회의감으로 무거운 감정이 들었습니다. 졸업하고 성인이 되어 선생님의 숙제에서는 벗어나게 되었지만 더 큰 스트레스가 직장의 상사로부터 달려들었습니다. 숙제야 종아리 한두 대로 끝나지만 상사와 업무로부터 받는 스트레스는 삶에 대한 회의감이 들 정도로 강했습니다.

타인으로부터 받는 스트레스를 줄이는 방법을 《논어》에서는 아주 다양하게 알려 줍니다.

증자가 말했다.

매일 나는 세 가지로 나 자신을 반성한다. 남을 위해 일을 도모함에 충실하였는가? 친구와의 교류에 신의를 저버리지는 않았는가? 배운 것을 열심히 익혔는가?

曾子曰 吾日三省吾身 爲人謀而不忠乎 與朋友交而不信乎 傳不習乎

증자왈 오일삼성오신 위인모이불충호 여붕우교이불신호 전불습호

《논어》〈학이〉 4장

타인으로부터의 스트레스를 줄이는 방법은 스스로 먼저 단속하는 것입니다. 미리 대비해야 함을 증자는 이렇게 말했습니다.

"하루에 세 가지를 스스로 성찰해야 한다."

첫째는 일입니다.
사람들과 함께 일할 때 충심을 다했는지 매일 되돌아봅니다.

둘째는 관계입니다.
친구들이나 직장 동료 혹은 다른 사람들과의 관계에서 신의를 지켰는지 되돌아봅니다.

셋째는 배움입니다.
학습을 게을리하지는 않았는지 되돌아봅니다.

공자의 제자였던 증자가 자기를 단속하는 방법이었습니다. 이렇게 할 수만 있다면 숙제 때문에 공부에 대한 회의감이 든다거나 업무나 상사 때문에 삶에 대한 회의감이 드는 일 따위는 생기지 않을 것입니다.

증자가 이런 자기 단속을 언제부터 했는지는 모르지만, 공자로부터 '노둔하다'는 평가를 받았던 증삼이 《논어》 4번째 문장에서는 증삼이라는 이름 대신 증자라는 호칭으로 존경과 대우받는 것을 볼 수 있습니다. 이런 증자의 자기 성찰과 고백은 수천 년이 지난 지금까지도 많은 이에게 어떤 기준이 되고 있습니다. 송나라 주자는 《논어집주》를 편찬하면서 "증자의 학문적인 성공은 이런 우직함 때문이었다"라고 평가했습니다.

공자는 〈학이〉 8장에서 주충신(主忠信)을 말한 바가 있습니다.

"군자(리더)가 진중하지 못하면 권위를 보이기가 어렵고 리더가 배움을 놓으면 고집에 빠지기 쉬우며 리더는 충실과 신뢰가 주가 되어야 한다. 진정한 군자(리더)는 잘못했으면 즉시 고치기를 주저해서는 안 된다."

리더는 충(忠)과 신(信)이 주(主)가 되어야 한다 했습니다. 리더는 무엇보다 충실하고 믿음직해야 한다는 말입니다.

〈학이〉 4장의 증자의 말은 스승인 공자의 가르침을 그대로 반복한 것으로 볼 수 있습니다. '남을 위해 일을 도모함에 충실하였는가? 친구와 사귐에 신의를 저버리지는 않았는가?' 여기에 하나 '배움의 복습을 게을리하지 않았는가?'를 추가했을 뿐입니다.

외부의 자극에 흔들리지 않으려면
내면을 단속해야 한다

매일매일 세 가지 기준으로 자신을 성찰합니다.

성실하게 살았는가?

믿음직하게 살았는가?

배운 것을 실천했는가?

쉼 없이 달려드는 챗GPT, 인스타그램, 페이스북, 유튜브, 메신저에도 꿋꿋하게 나를 지켜 가면서 성실한 하루를 보내기가 정말 어려운 시절에 우리가 살고 있습니다. 어딘가에 집중이 필요한데 그 집중을 산산조각 내는 다양한 병기 속에서 외로운 전투를 벌이고 있습니다.

'남을 위해 일을 도모함에 충실하였는가?'

맡은 바 책임을 다하기 위해 한 가지 마음으로 집중하면서 보낸 시간이 하루에 몇 시간이나 되는지 돌아본다면 당당하게 말할 수 있는 사람이 과연 얼마나 있을까요? 몇 시간은 고사하고 몇 분이나 될까를 헤아리고 있지는 않을까 궁금합니다. 학교에서의 수업 시간이나 직장에서의 업무 시간이나 인생 후반의 자기 시간이나 모두 그렇습니다. 爲人謀而不忠乎, 일을 도모함에 충실하였는가? 증자의 평범한 이 한마디가 평범하게 들리지 않는 이유입니다.

'친구와의 교류에 신의를 저버리지는 않았는가?'

우리는 매일 사람들을 만나고 있습니다. 학생들은 학교에서 친구와 선생님을, 직장인은 조직에서 동료, 선후배, 상사, 고객들을 만나며 하루하루를 보냅니다. 우리는 본의 아니게 자신의 이익 때문에 크고 작은 약속을 어길 때가 있습니다. 그럴 때마다 대부분 양심의 가책을 느끼지만 그저 지나칠 때가 많습니다. 그러니 그 옛날 증자도 '친구와 교류함에 신의를 버린 적은 없는가?'라고 매일 스스로 반문했던 것입니다.

증자도 그것을 그렇게 지키기가 어려웠음을 말하고 있습니다. 친구나 주변 사람들과 맺은 크고 작은 약속이 매번 쉽게 지켜지는 것이라면 이 말의 효용 가치는 이미 사라졌을 것입니다. 하지만 지금도 '나는 오늘 믿음직하게 살았는가?'라는 질문에 가슴이 뜨끔한 이유는 예나 지금이나 신의를 지키기가 어렵기 때문입니다. 그러니 그게 중요하고 의미 있는 것입니다. 신의가 줄어든 세상에 누군가 신의를 지키며 살아가는 건 특별한 인생을 살아가는 것이기 때문입니다. 존경받을 만한 인생이기에 그렇습니다.

'배운 것을 열심히 익혔는가?'

傳不習乎, 스승으로부터 전해 들은 배움을 반복적으로 익힘에 소홀하지는 않았는가? 전달받은 과거의 훌륭한 가르침을 실천함에 소극적이지는 않았는가? 공자는 〈양화〉에서 "사람의 본성과 천성은 서로 비슷하지만 무엇을 반복하느냐에 따라 서로 멀어진다"라고 했습니다.

제자인 증자도 마찬가지였습니다. 공부의 쓸모는 배움에 있는 게 아니라 반복을 통한 실천에 있음을 말하고 있습니다. 사실 우리 모두 이미 알고 있는 내용이지만 이 역시 실천이 어렵습니다. '오늘도 열심히 실천했는가?'는 배움도 중요하지만 실천이 더 중요함을 말합니다. 이 역시 말처럼 쉽게 되는 게 아니기에 공자나 증자께서 강조한 것입니다.

일을 세우는 세 문장을 만들어 보면 좋겠습니다.

증자의 세 문장입니다.
忠(충), 남을 위해 일을 도모함에 충실하였는가? 성실하게 살았는가?
信(신), 친구와의 교류에 신의를 저버리지는 않았는가? 믿음직하게 살았는가?
習(습), 배운 것을 열심히 익혔는가? 배운 것을 실천했는가?

공자의 세 문장입니다.
忠(충), 나 스스로 성실하게 살았는가?
信(신), 상대에게 믿음직하게 살았는가?

恕(서), 내가 하고 싶지 않은 바라면 다른 사람에게도 시키지 마라.

A의 세 문장입니다.

學習(학습), 배우고 익힘에 소홀하지 않았는가?

君子(군자), 리더의 자세로 임했는가?

忠恕(충서), 스스로에게는 충실함을 남에게는 용서를.

나의 세 문장은 무엇입니까?

수복일궤
雖覆一簣

시작하는 사람도
마치는 사람도 모두 자신이다

중학교 다닐 때 교실 뒤쪽에서 몇몇 친구와 함께 몰래 보던 속 칭 '빨간책'은 시간 가는 줄을 모르게 했습니다. 평소 그 어디서 도 볼 수 없었던 외국 포르노 배우들의 벗은 사진과 야한 문장은 몇 날이 지나도 아주 선명하게 기억되었습니다.

더 어려서는 홍길동의 통쾌함을 그린 낡은 만화를 몰래 보면 서 즐거워했습니다. 담장을 훨훨 날아오르는 꿈을 꾸면서 의적 홍길동을 닮고 싶어 했습니다. 초등학교 도서관에서 빌린 귀퉁 이가 헤진 《성냥팔이 소녀》 동화를 읽으며 그 소녀를 자주 생각 했습니다. 아련한 인생, 한 장의 파노라마가 되었습니다.

그로부터 반세기가 더 지났는데도 그 '빨간책, 만화책, 성냥팔이 소녀'를 대신하는 유튜브, 페이스북, 인스타그램, 블로그, 선정적인 뉴스 같은 놈들이 저를 휘어잡고 놓아주질 않습니다. 어려서는 선생님의 지도와 부모님의 질책이 있었기에 눈치라도 살폈지만 지금은 그 누구도 관여하지 않으니 더 많은 시간을 빼앗기고만 있습니다. 엘리베이터에 타고 있는 단 10초의 시간도 그놈들에게 빼앗기고 마는 자신을 너무 자주 보게 됩니다.

그렇게 필요하지도 않은 뉴스와 가십거리를 손과 눈에서 종일토록 화장실이나 잠자리에서까지도 놓아주질 못합니다. 1분으로 시작한 숏츠 영상이 30분이 더 지나도 계속 돌아가는 이유를 어떻게 설명해야 할지 이해가 되지 않습니다. 용을 써도 5분을 더 일찍 일어나기가 어려운데, 앉은 자리에서 30분이 순식간에 지나가고 있음은 답답하기만 합니다. 그러면서 현대인인 나는 시간이 없다고 버릇처럼 남들에게 이야기하고 있는데 이를 어찌하면 좋을까요?

그런데 2,500년 전 공자께서는 또 어김없이 일렀습니다.

공자께서 말씀하셨다.

비유컨대 산을 만드는데 한 삼태기의 흙이 모자라 이루지 못하고 멈추었다면 이는 내가 멈춘 것이며 비유컨대 땅을 평평하게 만드는데 한 삼태기의 흙을 부어 진전했다면 이도 내가 나아간 것이다.

子曰 譬如爲山 未成一簣 止 吾止也 譬如平地 雖覆一簣 進
吾往也

자왈 비여위산 미성일궤 지 오지야 비여평지 수복일궤 진
오왕야

《논어》〈자한〉 18장

譬는 '비유할 비', 爲는 '될 위'로써 '만들다'라는 뜻입니다. 簣는
'삼태기 궤'로 물건을 담는 삼태기를 말하며, 覆은 '덮을 복, 뒤집
힐 복'으로써 여기서는 '덮는다, 붓는다'는 뜻으로 쓰였습니다. 吾
止也(오지야)는 다른 사람이 그치게 만드는 일이 아니라 '내가 멈
추어 그치는 일'이라는 뜻입니다. 平地(평지)는 '땅을 평평하게
한다'는 의미입니다.

두 문장으로 구성된 이 어구는 앞부터 해석하든 뒤부터 해석
하든 별 차이가 없습니다. 여기서는 뒤 문장부터 해석해 보겠습
니다. 그러면 뜻이 더 선명해 보입니다.

'계곡을 메워 땅을 평평하게 만드는 것으로 비유해 보면 이해
가 쉬울 것이다. 네가 한 삼태기의 흙을 부어 땅을 메우기 시작
했다면 그것은 바로 네가 나아간 것이다. 천 리 길도 한 걸음부
터 시작한다. 첫 삽을 뜨고 한 삼태기의 흙이라도 부어야 시작된

다. 그 시작을 바로 네가 했다는 데 의미가 깊은 것이다.

그렇게 시작하여 이번에는 산을 만드는 것으로 비유해 보겠다. 네가 마지막 한 삼태기의 흙만 더 부으면 산이 완성되는데 만약 거기서 멈추었다면 그것도 바로 네가 멈춘 것이다. 다른 사람의 조언과 만류가 있었다 해도 결국에는 네가 멈춘 꼴이 된다. 그러니 시작도 마침도 다른 사람이 아닌 바로 너라는 말이다. 네가 시작하기에 중요하고 네가 마치기에 더 의미가 있는 것이다.'

한 줌의 정성으로
만사가 시작된다

시작도 못 하고 꺾이는 뜻이 너무 많습니다. 시작도 못 하고 배가 산으로 가는 경우도 많습니다. 다른 사람들의 말이나 의견이 아무리 중요해도 나의 시작을 막는다면 의미가 없습니다. 그 무엇도 나의 꿈과 미래를 막을 수는 없기 때문입니다.

깊은 계곡을 메워 평평한 땅으로 만드는 것은 어쩌면 거의 불가능한 일일지도 모릅니다. 그러나 완전히 불가능한 일은 아닙니다. 조금 무모해도 치밀한 계획을 세워 시작해 보는 것과 불가능할지도 모르기 때문에 아예 시도조차 못 하는 건 차원이 다른 문제입니다. 불가능할지 모른다는 말은 가능할지도 모른다는 말입니다.

시작하지 않으면 될 가능성은 제로입니다. 하지만 시작하면 될 가능성은 1부터 시작합니다. 1이 2가 되고 2가 4가 될 수도 있기에 중요한 건 바로 시작입니다. 혼자 못하면 가족이 함께할 수도 있습니다. 내 대에서 못 이루면 아들이나 손자 대에서 이룰 수도 있습니다. 내가 못 이루면 마을이나 단체에서 이룰 수도 있습니다. 마을이나 단체에서 못 이루면 나라에서 이룰 수도 있습니다. 그래서 공자께서 그 무모한 시작을 무모한 시작이 아니라 말한 것입니다.

50여 년 전 경기도 가평군의 535미터 산꼭대기에 국내 최초로 건설된 청평 양수 발전소를 얼마 전에 구경 갔습니다. 가평 호명산 정상에 상부 저수지를 만들고 청평댐을 하부 저수지로 하여 전기를 생산하는 발전소는 산 정상의 인공 호수인 호명호수에 240만 톤의 물을 양수 저장하였다가 낙차 발전함으로써 하루에 6시간 240만 킬로와트시의 전력을 생산한다고 합니다. 심야에 남는 전력을 이용하여 청평댐의 물을 산꼭대기로 끌어올린 후 낮에 낙차를 이용하여 전력을 생산하는 방식입니다.

저는 그곳에 처음 가 보았습니다만 이미 50여 년 전부터 그곳에 발전소가 있었습니다. 산 정상의 산들을 사각으로 막아 백두산 천지의 10분의 1이나 되는 거대한 인공 호수를 만들고 산의 허리를 가르는 거대한 동굴을 파서 수도관을 묻은 대공사도 그 시작은 한 삽이었고 한 삼태기의 흙이었습니다.

지극한 노력으로 완성의 마지막 단계까지 왔지만 거기서 멈춘다면 그것은 완성이 아닙니다. 100도가 아닌 99도에서 물은 끓지 않습니다. 아무리 다른 사람의 조언과 적극적인 만류가 있었다고 해도 멈춤은 결국 자신이 하는 것입니다. 끝까지 해내지 않으면 거의 성공에 가까워도 실패하게 된다는 것을 강조하고 있습니다.

시작했으면 끝을 보아야 한다고 합니다. 행동이 어려운 일이지 말은 너무 쉽습니다. 과정이 어려운 일이지 말은 너무 가볍습니다. 산을 쌓아 올리는데 그 마지막 한 삼태기 흙의 의미를 알고 있다면 시작이 두려운 건 당연합니다.

시작이 무겁고 두려워야 끝까지 갈 수 있습니다. 가볍고 쉬운 말을 이겨 낼 수 있습니다. 시작도 무겁고 끝도 엄중해야 명품을 완성할 수 있습니다. 시작도 진지하고 끝도 무거워야 명작을 만들 수 있습니다. 시작도 의미 있고 끝도 의미 있어야 명품 인생을 만들 수 있습니다. 시작도 중요하지만 끝이 더 중요합니다. 시작은 누구나 서툴지만 그렇다고 끝도 모두가 서툴지는 않습니다. 시작은 어색하지만 끝은 산뜻하게 마무리할 수 있습니다.

그런데 그 과정에 종종 문제가 생깁니다. 시작이 어색해서도 끝이 보이지 않아서도 아닙니다. 필요하지도 않은 뉴스와 가십거리, 1분으로 시작한 숏츠 영상이 30분이 더 지나도 계속됩니다. 그 금쪽같은 30분이 순식간에 지나가고 1시간이 가고 하루가 바로 사라집니다. 굳은 결심으로 한 삼태기의 흙을 담기 시작했는데 일상의 시간은 제 마음대로 흘러갑니다. 그러니 가끔은 치열하게 살았던 축심 시대의 현인 공자의 가르침에 귀를 기울여 보는 것입니다.

"비유컨대 산을 만드는데 한 삼태기의 흙이 모자라 이루지 못하고 멈추었다면 이는 내가 멈춘 것이며 비유컨대 땅을 평평하게 만드는데 한 삼태기의 흙을 부어 진전했다면 이도 내가 나아간 것이다."

자기 수양, 학문 성취, 업무 업적, 인간관계 등 많은 것이 이와 같습니다. 환경이 중요한 변수가 되기도 하지만 결국 성취와 포기는 자신이 하는 것입니다. 한 발짝 내디딤도 내가 결정하는 것, 멈춤도 내가 결정하는 것입니다.

그러니 전국 시대의 순자도 "반걸음이 쌓이지 않으면 천 리에 이를 수 없고 실개천이 모이지 않으면 큰 강을 이룰 수 없다" 했고, 윈스턴 처칠은 "성공은 실패에도 지치지 않는 열정이다" 했으며 헬렌 켈러는 "끈기가 없으면 아무것도 할 수 없다" 했고 새뮤얼 존슨은 "위대한 일들은 힘이 아닌 인내로 이루어진다" 했으며 록펠러는 "끈기야말로 모든 어려움을 극복할 수 있는 유일한 자질이다"라고 했습니다.

사십오십
四十五十

인생의 중추에
반드시 갖추어야 하는 능력

어떤 사람이 저에게 공자가 정말 실존 인물인지 물었습니다. 누군가 의도적으로 만든 허상이 아니냐는 질문이었습니다. 그런데 2,100년 전 한나라 역사학자 사마천이 공자를 기록으로 남겼습니다. 아주 간략하게 요약하면 다음과 같습니다.

'공자는 어려서 부모를 잃고 가난하게 살았다. 첫 번째 직업은 창고지기였다. 30대 중반에 노자를 만났다. 50대 중반에 대사구가 되었다. 55세부터 14년 동안 7개 나라를 다니며 천하주유를 하였다. 70대에 《춘추》를 쓰고 죽었다.'

제삼자가 본 공자의 모습입니다. 그럼 공자 스스로는 자신의 인생에 대해 어떻게 말했을까요? 2,500년 전 공자의 제자는 《논어》에 그 기록을 정확하게 남겼습니다.

'공자는 열다섯에 학문에 뜻을 두어 배움의 길을 시작했고 서른에 자립하여 자신의 길을 확립했다. 마흔에 자신의 길과 세상의 유혹에 흔들림이 없었으며 쉰에 이르러 삶의 근원인 천명을 깨달았다. 예순에는 무슨 이야기를 들어도 이해하게 되었고 일흔에는 마음이 하고자 하는 바를 따라도 세상의 법도를 넘어서지 않게 되었다.'

직제자가 남긴 공자의 어록입니다.

공자께서 말씀하셨다.
나는 열다섯에 학문에 뜻을 두었고 서른에 확고하게 섰으며 마흔에는 의혹이 없었고 쉰에는 천명을 알았으며 예순에는 모든 소리에 통하고 일흔에는 마음 내키는 대로 해도 법도를 넘지 않았다.
子曰 吾十有五而志于學 三十而立 四十而不惑 五十而知天命 六十而耳順 七十而從心所欲不踰矩
자왈 오십유오이지우학 삼십이립 사십이불혹 오십이지천

명 육십이이순 칠십이종심소욕불유구

《논어》〈위정〉4장

우리의 삶에 중요하지 않은 시기는 없지만 40대는 인생의 중추입니다. 마흔이 흔들리면 인생이 흔들리고 가정이 흔들리며 기업이 흔들리고 국가가 흔들립니다. 그래서 그런지 《논어》에는 '마흔'이라는 숫자가 세 번씩이나 등장합니다.

먼저 사십이불혹(四十而不惑)입니다.

'마흔에 자신의 인생과 세상의 유혹에 흔들림이 없었다.'

어떤 것에도 흔들리지 않을 만큼의 지혜와 지식을 가지게 되었다는 고백입니다. 그 어떤 유혹에도 자신을 절제할 수 있는 역량을 갖추었다는 당당함의 표현입니다. 하지만 이 불혹이 공자에게는 이룬 결과이지만 우리에게는 이루어야 할 목표입니다.

마흔에 흔들리면 인생이 꼬입니다. 승진에 흔들리면 일에만 몰두하게 되고 연봉에 흔들리면 이직과 전직에 집중하게 됩니다. 이성에 흔들리면 그간 쌓아 올린 인생 탑이 공염불이 될지도 모르며 한눈을 팔면 나머지 눈도 빼앗길지도 모릅니다.

그렇다고 해도 직장인이 승진과 관련한 일에 흔들리지 않을 수 있을까요? 연봉을 더 준다고 하는데도 마음이 흔들리지 않을까요? 나이가 마흔을 넘었다고 해서 매력적인 이성에게 마음이 흔들리지 않을까요? 나이가 마흔이 되었다고 돈과 일과 사람에 흔들리지 않을 수 있을까요? 각자가 풀어야 할 숙제임이 분명합니다.

불혹이 되기 위한 공자의 전략은 지자가 되는 것입니다. 지자는 지혜로운 사람입니다. 지혜로운 사람은 세상의 유혹에도 흔들리지 않을 수 있습니다. 지자는 사람을 제대로 볼 줄 아는 사람입니다. 나이 마흔 정도가 되면 무엇보다도 사람을 제대로 볼 줄 아는 눈을 가지고 있어야 한다는 말입니다.

이는 직원 채용과 승진 평가 혹은 남편이나 아내, 며느리나 사위를 볼 때도 꼭 필요한 식견입니다. 사람이 조직을 만들고 새 사람이 가족과 가정을 만드는 바탕이 되기에 그렇습니다. 사람을 제대로 아는 일이 중요하지만 절대 쉬운 일은 아닙니다. 그러니 나이 마흔에 사람을 정확히 판단할 수 있는 식견과 지혜를 갖는다는 것은 그리 만만한 일이 아닙니다. 공자가 툭 던진 인생의 과제가 더욱 엄중해지는 순간입니다.

두 번째 언급은 사십이 견오언(四十而 見惡焉)입니다.

나이 마흔에 미움을 보인다면 인생이 이미 끝이라는 공자의 지적입니다.

'나이 마흔이 되어서도 다른 사람들로부터 미움받을 짓을 계속하고 있다면 그 인생은 더 살아 보나 마나다.'

입을 열었다 하면 다른 사람의 나쁜 점을 말하는 사람, 윗사람을 욕하는 사람, 예의가 없는 사람, 용감하지만 앞뒤가 꽉 막힌 사람, 자기의 편견을 지혜로 여기는 사람, 겸손하지 못함을 용기로 생각하는 사람, 남의 감추고 싶은 아픔을 헤집어 내는 사람은 나이 마흔이 넘도록 이를 고치지 못한다면 그는 이미 끝장이라는 경고장을 날렸습니다.

여기에 감히 제가 한 가지를 더 추가해 보겠습니다. 다른 사람에게 받는 미움 못지않게 중요한 문제가 자기 자신으로부터의 미움입니다. 나이 마흔이 되도록 특기와 강점을 준비 못 한 자신을 볼 수밖에 없다면, 서른과 비교해 보았을 때 발전은커녕 그 어떤 변화도 찾아볼 수 없다면, 그로 인해 미래의 불안이 엄습해 오기 시작했다면 이 또한 인생 하프타임의 경고장임을 인정해야 합니다.

세 번째 언급은 사십오십이무문언(四十五十而無聞焉)입니다.

나이 마흔, 쉰에도 잘한다는 소리를 듣지 못한다면 크게 두려워 할 사람은 아니라는 공자의 경고입니다.

'뒤따라오는 후배들을 두려워할 줄 알아야 한다. 그들의 미래가 지금의 나보다 못할 줄을 어찌 장담할 수 있겠는가? 하지만 그들의 나이가 마흔, 쉰이 되어도 잘한다는 소문이 들리지 않는다면 이는 두려워할 바가 아니다.'

이렇게 말하면서 빠르게 따라오는 후배들은 두려워해야 하는 존재지만 후배들의 나이가 마흔, 쉰이 되도록 두각을 나타내지 못한다면 그들 또한 크게 두려워할 필요는 없다고 했습니다. 그만큼 우리의 인생에서 마흔과 쉰의 나이가 중요한 시점임을 강조한 것입니다. 마흔 고개를 잘 넘기는 것이 성공적 인생의 첩경임을 공자는 《논어》에서 반복적으로 언급했습니다.

내 인생의
여섯 단어는 무엇인가?

공자는 나이 마흔에 지자가 되어 불혹을 달성했습니다. 절제 역량을 갖추어 흔들림 없는 중심을 유지할 수 있었습니다. 나이 오십에는 인생의 천명을 알게 되었습니다. 춘추 시대 당시는 덕과 예의 정치가 사라지고 법과 형벌이 백성을 옥죄는 가혹한 세상이었습니다. 제후는 천자를 무시하고 제후는 대부의 등살에 힘을 잃고 대부는 가신들의 득세에 혼란한 세상이었습니다.

공자는 50대 초중반에 대사구(법무부 장관)가 되어 주나라 초기처럼 덕의 정치로 백성이 편안한 시대를 만들라는 천명을 세웠으나 뜻을 이루지 못했습니다. 50대 중반부터 무려 14년 동안 일곱 개 나라를 떠돌아다니며 보낸 60대는 어떤 비아냥거림도 감수한 시절이었습니다. 아무리 조언해도 일곱 개국의 제후들은 공자를 등용하지 않았습니다. 나이 70이 넘어 《춘추》를 지었고 《시경》을 편집했으며 《서경》을 편찬했습니다.

시간이 지나 언젠가 우리가 일흔이 되었을 때, 단 여섯 단어로 본인의 인생을 정의해 보라는 과제를 받는다면 무엇으로 그 여섯 단어를 채울 수 있을까요?

어떤 사람은 학사, 석사, 박사, 교수, 정년, 노후로, 또 어떤 사람은 사원, 대리, 과장, 부장, 임원, 노후로, 또 어떤 사람은 월급, 주식, 부동산, 이자, 정년, 노후로, 또 어떤 사람은 벤처, 소기업, 중소기업, 중견 기업, 대기업, 노후로, 또 어떤 사람은 애인, 결혼, 자식, 부모, 손자, 노후로 꼽을지도 모르겠습니다.

공자는 지우학, 이립, 불혹, 지천명, 이순, 종심으로 삼았던 인생의 여섯 단어를 우리는 어떻게 채워야 할까요? '지우학, 이립, 불혹, 지천명, 이순, 종심' 공자의 이 여섯 단어의 의미를 우리의 인생 여정에 적용해 볼 수 있습니다.

서른에 시작하여 예순까지 직장 생활로 인생 전반을 보낸다고 가정하면 31세부터 34세까지 4년은 지우학의 시기입니다. 입사

후 업무 전문가를 목표로 어떤 공부에 집중할 것인가를 생각하고 일을 시작하는 게 중요합니다. 신입 사원 4년을 어떻게 보내느냐가 미래 직장 생활의 초석이 되기 때문입니다. 배움에 뜻을 두고 사원 4년이 지나면 대리가 됩니다. 대리에 독립적으로 업무를 진행할 수 있는 역량을 얻어 드디어 업무로 일어서게 됩니다.

그렇게 또 4년을 보내면 작은 팀을 맞아서 잘 운영할 수 있는 과장이 됩니다. 업무면 업무, 리더십이면 리더십에서 흔들림 없이 끌고 나갈 수 있는 불혹의 시기가 되지요.

또 몇 년이 지나 과장에서 부장이 되면 그간 지속해 온 업무를 자신의 천명으로 여겨 더 큰 책임을 느끼게 될 것입니다.

그런 후 임원이 되면 이제는 아랫사람들에게 귀를 기울여야 합니다. 그들의 입장이 되어 사람의 마음을 사야 더 큰 업무 성과를 낼 수 있기 때문입니다.

사원부터 임원까지 공자의 인생 여섯 단어를 초석으로 삼아 노력해 왔다면 그런 임원은 최고 경영자가 되기에 어려움이 없을 것입니다. 그러니 최고 경영자가 되어 본인이 하고 싶은 방향으로 경영을 해도 세상의 이치에 어긋남이 없게 됩니다.

이번에는 인생 후반전입니다. 인생 후반전도 공자의 6단계를 따라갑니다.

61세부터 64세까지 4년은 인생 후반에 무엇을 하는 게 좋을지 선택과 공부를 하는 시간으로 삼아 보는 것입니다. 인생 전반의 경험이나 성과 혹은 돈을 믿고 성급하게 어떤 일을 시작해서는 안 됩니다. 공부해야 합니다. 학습해야 합니다. 지우학의 시기를 보내야 합니다. 그 기간이 꼭 4년이 될 필요는 없지만 충분하다 싶을 정도의 정보를 얻을 때까지 멈추어서는 안 됩니다. 그렇지 않으면 섣부른 시작과 함께 나머지는 시간과 돈으로 때워야 하기 때문입니다.

그렇게 약 4년 정도의 학습과 준비 기간을 거치고 나면 그 분야에 자신이 생기고 확신이 생겨 스스로 일어서게 됩니다. 다른 사람들의 도움이 크게 없더라도 스스로 극복해 나가는 힘이 생깁니다. 드디어 또 한 번 이립의 시기가 오는 것이지요.

인생 후반에 하는 일은 성급할 필요가 없습니다. 두드리고 굴러가면서 4년 정도를 가면 불혹의 시기가 옵니다. 인생 후반에 시작한 일이지만 어떤 환경에도 흔들리지 않는 일을 하는 사람으로 성장한 자신을 발견하게 됩니다.

어느덧 80 정도의 나이가 되었을 때 이런 생각이 들 겁니다.

'이게 바로 나의 천명이었구나.'

천명으로 느낀 그 일을 건강이 허락할 때까지 하면서 인생을 산다는 건 진정 행복이 아닐 수 없습니다. 그 인생 척도를 잴 수 있는 자가 하나 있다면 그것은 곧 공자의 여섯 단어입니다.

'지우학, 이립, 불혹, 지천명, 이순, 종심소욕불유구'

감문사
敢問死

죽음을 묻기 전에
생각해야 할 것

죽음은 살아 있는 우리 모두에게 주어진 숙명입니다. 멀리하고 싶지만 영 멀어질 수 없는 관계입니다. 멀리 있는 죽음도 슬픈 일인데 가까이 있는 죽음은 더 말할 나위가 없습니다. 노인이 되어 죽는 것도 슬픈 일인데 젊어서 죽는 것은 더욱 애끓는 일입니다. 부모님의 죽음도 슬픈 일인데 자식의 죽음은 하늘이 무너지고 땅이 꺼지는 일입니다. 평화로운 죽음도 슬픈 일인데 전쟁, 대형 사고, 화마, 수해로 죽는 일은 더욱 안타까운 일입니다. 사랑하지 않는 사람의 죽음도 슬픈 일인데 사랑하는 사람의 죽음은 죽음과도 같이 살아 내기 힘든 아픔입니다.

수십 년 전 김광석이 부른 노래 〈너무 아픈 사랑은 사랑이 아니었음을〉처럼 아무리 긴 시간이 지나도 이별은 언제나 슬픈 일입니다. 너무 아픈 사랑은 사랑이 아니었을지 모릅니다. 죽음은 언제나 누구에게나 너무나 슬프고 아픈 일입니다.

그 죽음의 문제를 공자의 제자인 자로가 스승에게 묻습니다.

계로가 물었다. 감히 죽음에 관하여 묻겠습니다.
공자께서 말씀하셨다.
삶도 잘 알지 못하는데 어찌 죽음을 알겠느냐?
季路問 敢問死 曰 未知生 焉知死
계로문 감문사 왈 미지생 언지사

《논어》〈선진〉 11장

질문할 당시 자로가 어떤 상황이었는지는 알 수 없으나 공자의 대답이 너무 차갑다는 생각이 듭니다. 너무 현실적이라는 느낌이 듭니다. 모친상을 당했지만 슬픔을 억누르면서 질문했을 수도 있고, 춘추 시대에 잦은 전쟁으로 많은 사람이 죽어 감을 가엾게 여겨 물었을 수도 있고, 아니면 정말 죽음 이후의 세계가 궁금하여 물었을 수도 있는데 공자에게 '엉뚱한 생각 말고 지금이나 잘 살라'는 훈계를 들은 격입니다.

죽음의 문제가 중요하지 않다는 것이 아니라, 살아가는 인간

사의 문제도 제대로 알지 못하면서 긴급하지도 않은 귀신이나 죽음 문제를 가지고 한가롭게 논할 때가 아니라는 일침이었습니다. '나는 세상 문제를 풀어내기에도 바쁜데 너는 죽음의 문제가 더 긴급하다고 생각하느냐? 사람은 누구나 죽게 되어 있으니 그것은 하늘에 맡기고 우리가 할 수 있는 일에 더 집중하여 좋은 세상을 만들어 내야 하지 않겠는가?'라는 대답이었습니다.

사실 자로는 죽음의 문제를 묻기 전에 귀신에 관해 공자에게 물었습니다.

자로가 귀신 섬기는 일을 물었을 때 공자께서 말씀하셨다.
아직 사람도 제대로 섬기지 못하면서 어찌 귀신을 잘 섬길 수 있단 말인가?
季路問 事鬼神 子曰 未能事人 焉能事鬼
계로문 사귀신 자왈 미능사인 언능사귀

《논어》 〈선진〉 11장

효와 충을 강조한 공자에게 가르침을 받은 자로는 귀신을 섬기는 행위는 단순한 미신이 아니라 사람들의 삶을 더 도덕적으로 만들고 공동체의 연대감을 높이고 사회를 더 조화롭게 만든다고 생각했기에 귀신을 모시는 방법이 궁금했던 것입니다. 사람들이 귀신을 섬기는 이유는 누구나 조상과 깊이 연결되어 있기 때문입니다. 조상과의 연결을 유지하는 것은 우리가 누구인지, 어디에서 왔는지를 알려 주는 유효한 방법이기에 귀신을 섬기는 것은 조상과의 끈을 놓지 않고 그들의 지혜와 가르침을 이어받기 위한 노력의 일환이기도 했습니다.

죽음도 제사도 전통도 다 중요합니다. 하지만 더 중요한 건 지금의 현실입니다. 지금 잘 살고 있는가? 바르게 살기 위해 어떤 노력을 하고 있는가? 나는 지금 어떤 삶을 살고 있고, 어떤 삶을 살아가려 노력하는가? 죽음도 제사도 전통도 사실은 그다음입니다. 형제간에 의가 상해 있는데 매년 돌아오는 할머니 할아버지, 어머니 아버지의 제사가 무슨 의미가 있을까요. 3촌, 4촌, 5촌은 이미 뿔뿔이 흩어져 누가 누구인지도 모르고 살고 있는데 민족 대명절 추석이 무슨 의미가 있을까요.

그러니 자로의 질문에 공자의 간결한 대답은 지금도 유효한 것 같습니다. 귀신의 존재 여부보다 더 중요한 건 지금 우리의 삶입니다. 형제간에 의가 상해 있다면 그 문제를 먼저 풀고 제사를 모시는 게 더 현실적입니다. 3촌, 4촌, 5촌이 누구인지도 모르고 살고 있다면 명절에 모이지 않는다고 타박만 할 게 아니라, 평소에 단 한 명의 4촌이라도 만나고 통화하면서 사이를 좁힌 후 명절을 맞이하는 게 더 현실적입니다.

종교가 사람을 구원하는 게 아니라 사람이 그 종교를 구원하고 있다면 주객이 바뀐 것입니다. 지금 당장 긴급하지도 명확하지도 않은 문제에 시간을 낭비하지 말고 현재의 삶에 더 집중하고 노력해야 한다는 공자의 현실적인 조언입니다. 그렇다고 해서 공자가 귀신이나 죽음이라는 문제를 부정한 것은 아닙니다. 그 문제도 중요함은 알지만 더 급한 삶의 문제를 제자에게 강조한 것입니다.

지금 현재에
집중하는 용기

전남 강진으로 유배 간 지 2년도 지나지 않아 다산은 막내아들이 죽었다는 소식을 듣습니다. 다산은 그때의 심정을 장남에게 보낸 편지로 남겼습니다.

우리 막내아들이 죽었다니 비참하구나. 비참하구나. 내 몸이 점점 쇠약해 가고 있을 때 이런 일까지 닥치다니, 정말 마음을 크게 먹을 수가 없구나. 네 아래로 무려 사내아이 넷과 여자아이 하나를 잃었다. 이 어린놈들은 나와 네 어머니가 함께 있을 때 병으로 죽었기에 딴은 운명이라 생각해 버릴 수도 있어 이번같이 간장을 후벼 파는 슬픔이 북받치지는 않았다. 막내의 죽음이 한결 서럽고 슬프구나. 나의 애달픔이 이러할진대 하물며 아이를 품속에서 꺼내어 흙구덩이 속에 집어넣은 네 어머니의 슬픔이야 어찌 헤아리랴.

얼마나 애통스럽겠느냐. 너희들은 이미 장성하여 밉상스러울 것이니 생명을 의탁하려고 했던 바는 오직 그 아이였을 것이다. 아무쪼록 너희들은 마음과 뜻을 다 바쳐 어머니를 섬겨 오래 사시도록 하여라.

이 편지를 보낸 이후 다산은 강진에서 무려 16년 동안 꼼짝하지 못했습니다. 아이를 잃은 부모의 마음을 온전히 이해하기는 힘들지만, 세상의 그 어떤 고통보다 큰 것만큼은 사실일 것입니다.

사람들이 다산 정약용 선생을 존경하는 이유는 수많은 고통과 아픔을 당했지만 그 현실에 굴복하지 않고 당당히 일어섰다는 것입니다. 하늘로 보낸 아이를 마음 한쪽에 묻은 채 꿋꿋하게 다시 일어섰다는 데 있습니다. 유배지에서의 수많은 어려움을 이겨 내며 본인의 소임을 다해 나갔다는 데 있습니다. 극진한 슬픔과 유배의 고통으로 인해 어쩌면 인생을 포기했을 수도 있겠지만 다산은 죽음이 아닌 사람의 일에 집중한 것입니다. 조선 후기 아니 조선 최고의 실학 인문학을 완성한 다산이 된 것입니다.

"삶도 잘 알지 못하는데 어찌 죽음을 알겠느냐?"

2,500년 전 공자의 이 한마디가 다산에게도 역경을 이겨 낼 수 있는 큰 힘이 되었을 것입니다. 현실의 중요함을 생각하고 과거

를 이겨 내 더 멋진 미래를 만들 수 있는 시간은 바로 오늘 지금 이 유일하다는 것을 믿고 실천한 다산이었습니다.

현재에 집중하려면 마음을 사로잡을 과제가 필요합니다. 한 가지에 온전히 집중하면 나머지는 자연스럽게 정리됩니다. 그렇지 않으면 우리는 쉽게 소소한 일과 불필요한 일들에 휘말리게 됩니다. 우리의 목표는 용기이고, 그 용기의 또 다른 이름은 집중입니다. 집중을 통해 진정한 자신을 발견하고 원하는 바에 더 다가설 수 있습니다. 용기를 내어 집중하는 것이 가장 가치 있는 길입니다.

절차탁마
切磋琢磨

자르고 갈고 쪼고 문질러
옥을 얻듯이

사마천의 《사기》〈화식열전〉에 의하면 자공은 매우 가난했으나 공자에게 학문을 배운 뒤 위나라에서 벼슬을 했습니다. 그는 조나라와 노나라를 오가며 무역을 했는데 물건을 사서 비축해 두었다가 시기에 맞춰 팔았습니다. 결국 노나라에서 이름 날리는 부자 중에 한 사람이 되었습니다.

자공은 네 마리의 말이 끄는 마차를 타고 많은 수행원을 데리고 다니며 여러 제후를 만나 예물을 주고받았습니다. 그가 방문하는 곳마다 군주들과 대등하게 예의를 나누었습니다. 자공의 이러한 활동은 공자의 명성이 천하에 널리 알려지게 하는 데도 큰 역할을 했습니다.

자공이 말했다.

가난해도 아첨하지 않고 부유해도 교만하지 않다면 어떻습니까?

공자께서 말씀하셨다.

그것도 괜찮지만 가난해도 즐길 줄 알고 부유해도 예를 좋아하는 것보다는 못하다.

자공이 말했다.

《시경》에 자르고 갈고 쪼고 문지른다 하였는데 이를 두고 한 말인가 봅니다.

공자께서 말씀하셨다.

사야, 비로소 너와 《시경》을 논할 수 있겠구나. 지난 일을 말해 주니 앞일을 아는구나.

子貢曰 貧而無諂 富而無驕 何如 子曰 可也 未若貧而樂 富而好禮者也 子貢曰 詩云 如切如磋 如琢如磨 其斯之謂與 子曰 賜也始可與言詩已矣 告諸往而知來者

자공왈 빈이무첨 부이무교 하여 자왈 가야 미약빈이락 부이호례자야 자공왈 시운 여절여차 여탁여마 기사지위여

자왈 사야시가여언시이의 고저왕이지래자

《논어》〈학이〉 15장

절차탁마는 돌 속에 묻힌 옥을 찾아 보석을 만드는 4단계 순서입니다. 옥이 섞여 있는 널찍한 돌덩이를 가져다가 먼저 톱으로 돌을 자르는 것을 자를 절(切, Cutting)이라 하고, 쓸 만한 옥을 찾아내어 주변의 돌을 줄로 갈거나 쓸어 내어 불순물을 없애는 것을 갈 차(磋, Eliminating)라 하며, 옥을 쪼아 무늬를 새겨 넣어 가락지나 팔찌 등을 만드는 것을 쪼을 탁(琢, Trimming)이라 하고, 완성된 옥을 다시 반들반들하게 문질러 빛이 나게 하는 것을 갈 마(磨, Polishing)라고 합니다.

절차탁마는 '상아나 옥돌 따위를 깎고 갈고 닦아서 빛을 낸다'는 뜻으로 학문을 힘써 갈고닦음의 비유합니다. 절차탁마는 옥석을 자르고 갈고 쪼고 문질러 비취를 만드는 단계를 말합니다. 심신을 수양하는 방법이나 학문을 이루는 방법이 이와 다르지 않습니다.

공자의 다섯 손가락 안에 드는 제자였던 자공이 질문했습니다.

"저는 스승님의 은덕에 노나라에서 손에 꼽히는 부를 이루었습니다. 사람들은 저를 부자로만 보며 배우려 하기보다는 재산에 더 관심을 두는 것 같습니다. 그래서 스승님께 여쭙습니다. 어려서 가난했지만 누구에게도 아첨하지 않고 성실히 일한 덕분에 부를 일구었습니다. 이제 저는 부자가 되었지만 교만하지 않고 지난 시절을 항상 기억합니다. 제가 이런 삶을 살아왔다면 배움을 좋아하는 사람이라고 할 수 있을까요?"

공자께서 빙그레 웃으시며 말씀하셨습니다.

"사야, 잘 살아왔구나. 그러나 나는 가난하면서도 즐겁게 살고 부유하면서도 예를 좋아하는 것이 더 가치 있다고 생각한다. 가난하다고 모두가 불행한 것은 아니란다. 가난 속에서도 즐거운 마음으로 살아가는 것이 더 멋진 인생이지. 부유하면서도 예를 갖추어 절도 있게 산다면 더 많은 존경을 받을 수 있을 것이다."

이에 자공이 말했습니다.

"스승님의 말씀을 듣고 저는 바로 깨달았습니다. 스승님, 더 노력하라는 말씀이시지요? 《시경》에 나오는 옥을 다듬는 과정처럼 저도 절차탁마하라는 뜻이지요? 저는 스승님의 말씀을 마음에 새기며 더욱 겸손하고 예를 갖추는 삶을 살기로 다짐했습니다."

공자께서는 흡족한 표정으로 말씀하셨습니다.

"기특하구나, 자공아. 이제 너와 함께 《시(시경)》를 이야기할 수 있게 되었구나. 지난 일을 통해 미래를 통찰하는구나! 지난 일을 말해 주니 앞일을 아는구나!"

단련은 하면 할수록
끝이 없고 지난함을 깨닫는다

알아 가고 좋아하고 즐기는 단계까지 가려면 절차탁마의 단계를 피하기 어려워 보입니다. 저에게 《논어》도 비슷합니다. 아주 어렸던 초등학교 시절, 고전 경시 대회를 나가기 위해 《논어》 책을 처음으로 읽었습니다. 하지만 시험 대비용으로 읽었기에 경시 대회가 끝나자 《논어》는 순식간에 제 머리에서 사라졌습니다. 이후 나이 오십이 되도록 《논어》는 저와 그 어떤 인연도 없었습니다. 《논어》 500여 어구 중에서 단 한 어구도 제대로 알고 있는 어구가 없었습니다. 《논어》는 어렵고 낡은 고전이라는 생각이 전부였습니다.

오십이 넘어 《논어》 책을 처음으로 샀습니다. 천자문을 조금 익힌 후였기에 한자가 조금 눈에 들어왔지만 그렇다고 많은 한자가 술술 넘어가지는 않았습니다. 페이지 한 장 한 장 넘기기가 쉽지 않았지만 몇 달에 걸쳐 1,000쪽이 넘는 그 두꺼운 책을 끝까지 읽었습니다. 책을 끝까지 읽고 나니 그래도 몇몇 《논어》 어구를 기억할 수 있기는 했지만, 그 어구를 써 가면서 말하기에는 턱없이 부족했습니다. 말로는 어느 정도 전달할 수 있어도 종이나 보드에 한문 문장을 써 가면서 전달하는 것은 거의 불가능했습니다.

그래서 뜻이 멋지고 의미가 깊으면서도 사람들에게 널리 잘 알려진 유명한 《논어》 어구를 나름 선정하여 노트를 하나 만들었습니다. 《논어》는 다른 고전과는 다르게 짧은 문장으로 구성되었기 때문에 외우는 게 조금은 수월했습니다.

방법은 반복이었습니다. 저녁마다 동네 둑방길을 운동 삼아 걸을 때 《논어》 어구 하나를 가지고 나가 반복해 중얼거렸습니다. '學而時習之不亦說乎' 아홉 글자로 만들어진 《논어》 문장 하나를 외우는 데 하루 40분이면 족하다고 생각했지만 꼭 그런 건 아니었습니다. 월요일에 외워도 화요일이면 생각이 나질 않아 다시 외우고, 그러길 반복하면서 일주일에 한두 개 문장, 한 달에 대여섯 개 문장을 외게 되었습니다.

외우니 쓰게 되고 한문을 반복해 쓰니 그 문장의 뜻이 더 분명해졌습니다. 일주일 동안 걸으면서 생각했던 내용을 글로 옮겼습니다. 그렇게 일주일에 한 개 혹은 한 달에 두세 개의 《논어》 수필을 쓰기 시작했습니다. 1년이 지나니 30개 정도의 글이 완성되었습니다. 일주일에 사오일 나가는 저녁 산책길은 《논어》 산책길이었습니다. 이 좋은 의미를 어떻게 알려 주면 좋을지, 어떤 쉬운 예를 들어 가며 설명하면 이해가 쉬울지를 생각하고 정리하는 글쓰기 책상이었습니다. 30개의 글을 다시 조정하고 수정하여 결국 한 권의 책을 출간하게 되었습니다.

책을 만든다고 지식이 갑자기 쌓이는 건 아니었습니다. 책은 지식을 차곡차곡 쌓아 놓는 일이기는 하지만 지식을 쌓았다고 해서 그것을 그대로 남들에게 전달하는 일은 또 전혀 다른 일임을 출간된 이후에 알았습니다. 한 권의 책을 쓸 정도면 PPT 같은 자료 없이도 몇 시간이건 강의나 강연이 가능하겠다고 생각했지만, 그건 저의 짧은 망상이었습니다. 글로 남기는 일과 그것을 정확히 이해하여 남에게 전달하는 것은 많이 다른 일이라는 것을 나중에 알았습니다.

《논어》 강연을 시작하면서 《논어》를 다시 공부하게 되었습니다. 저의 저서가 분명 제 손으로 쓴 게 분명하지만 아무리 제가 썼다고 해서 그 내용을 모두 충분히 잘 알고 있지 못하다는 사실을 알기까지 그리 오랜 시간이 걸리지 않았습니다. PPT를 만들면서 《논어》를 다시 쓰고, 반복하여 다시 읽고, 외우고 또 외우는 과정을 거쳤습니다. 30장의 강연 PPT를 남기기 위해 수백 장의 PPT를 만들며 지금까지 알고 있던 《논어》에 관한 지식이 얼마나 비천했는지를 날마다 생각했습니다.

이곳저곳에서 《논어》 강연을 하면서 많은 질문과 지적을 받았습니다. 《논어》를 이미 저보다 더 많이 알고 계신 수강생께서 주는 하나하나의 질문과 지적은 큰 공부였습니다. 어려운 질문을 들을 때마다 저의 공부가 너무 빈천했음을 느끼지 않을 수가 없었습니다. 그때마다 공부거리가 늘어났습니다. PPT를 만들며,

강연을 진행하면서, 질문을 들으면서, 그리고 그 숙제를 해 나가면서 저의 《논어》 지식은 더 단단해졌습니다. 몇 권의 《논어》 책을 더 출간하면서 이런 생각이 들었습니다.

'내가 《논어》를 제대로 알고 있는 것일까? 반복되는 강연을 통해 말은 유수같이 잘한다고 해도 '내가 정말 《논어》를 안다'고 할 수 있을까?'

정자가 말했다. 《논어》를 읽음에 다 읽고서 전혀 아무런 일이 없는 자도 있고, 읽은 뒤에 한두 구절을 터득하여 기뻐하는 자도 있으며, 읽은 뒤에 좋아하는 자도 있으며, 읽은 뒤에 곧바로 자기도 모르게 손으로 춤추고 발로 뛰는 자도 있다. 요즘 사람은 책을 읽을 줄을 모른다. 예컨대 《논어》를 읽을 때 읽기 전과 읽은 후가 같다면 이는 읽지 않은 것과 같다.

《논어》를 읽어도 변화가 없다면 《논어》를 읽지 않음과 같다는 정자의 말은 송나라 주자가 집필한 《논어집주》의 서문에 등장합니다. 《논어》를 읽고도 자신의 삶과 인격에 변화가 없다면 《논어》를 읽지 않은 것과 다름없다는 뜻입니다. 단순한 지식의 축적을 넘어 실제 삶에서의 변화를 중요하게 생각한 것이지요.

1년에 100번 이상 《논어》 강연을 진행하면서 '제대로 전달은 하고 있다' 생각하지만 과연 저는 제가 말한 그 《논어》대로 행동하는가를 되돌아보면 많은 반성을 하게 됩니다. '《논어》 500여 어구 중에 단 하나의 어구라도 말대로 그 뜻대로 내가 살아가고 있는가, 행동하고 있는가'를 되돌아보게 됩니다. '다른 사람들도 나의 행동을 보고 저의 강연을 듣고 행동의 변화를 끌어낼 수 있는가' 성찰하게 됩니다.

그게 아니라면 《논어》가 잘못된 게 아니라 제가 잘못한 꼴이 되기 때문입니다. 2,000년 이상을 내려오면서 《논어》는 수많은 사람을 변화시켰다는 증거는 차고 넘치기 때문입니다. 시대가 바뀌고 상황이 바뀌었지만, 삶의 기본은 크게 바뀌지 않았기 때문입니다.

《논어》에 관한 책을 쓰고 《논어》 강연을 하면 할수록 절차탁마는 그 끝이 없음을 생각합니다.

곤이불학
困而不學

곤경에 처해서도 배우지 못하면
구할 길이 없다

공자께서는 사람을 네 가지로 나누었습니다.

生而知之者(생이지지자): 처음부터 잘하는 사람

學而知之者(학이지지자): 배워서 잘하는 사람

困而學之者(곤이학지자): 어려움이 닥쳐야 배우는 사람

困而不學者(곤이불학자): 어려움이 닥쳐도 배우지 않는 사람

태어나면서부터 잘 아는 사람, 배워서 잘 아는 사람, 곤란을
겪은 뒤에 배워서 아는 사람, 곤란을 겪고 있어도 배우려 하지 않

는 사람. 여기에서 처음부터 알든 배워서 알든 곤란을 겪은 뒤에 새로이 배워서 알든 이 세 부류의 공통점은 '안다'는 것입니다. 문제는 곤란을 겪고 있어도 배우려 하지 않는 곤이불학자입니다. 이들은 필연 백성 중에서도 가장 하층민이 된다고 경고를 한 것입니다.

그러면서 공자 스스로 "나면서부터 아는 사람이 아니다. 옛것을 좋아하여 배워서 아는 사람"이라고 겸손하게 말했습니다. 천성적으로 배우기를 좋아한다면 더없이 좋은 일이지만 어려움이나 곤란함을 겪고 배우기에 집중해도 늦지 않습니다. 하지만 어려움을 겪고 나서도 배우기를 꺼린다면 그것은 문제입니다.

공자께서 말씀하셨다.

나면서부터 아는 사람이 상급이고 배워서 아는 사람이 그다음이고 곤경에 처해서 배우는 사람은 또 그다음이며 곤경에 처해도 배우지 않으면 백성 중에서 하급이 된다.

孔子曰 生而知之者上也 學而知之者次也 困而學之又其次也
困而不學民斯爲下矣

공자왈 생이지지자상야 학이지지자차야 곤이학지우기차야
곤이불학민사위하의

《논어》〈계씨〉 9장

이는 예나 지금이나 차이가 없습니다. 처음부터 회사 일을 잘하는 사람은 거의 없습니다. 누구나 업무는 배워서 하게 됩니다. 신입 직원은 더 많이 배워야 하고 기존 직원도 배움을 멈추지 않아야 합니다. 더 어려운 업무나 경험을 통해 혹은 성취하기 어려운 과제를 겪으면서 더 많이 배우게 됩니다. 곤란을 겪은 뒤에 배우는 곤이학지자의 경우라고 볼 수 있습니다.

문제는 곤경에 처해도 배우려 하지 않는 사람들입니다. 변화와 새로운 것을 거부하는 사람들입니다. 늘 말만 앞서는 그런 사람들입니다. 그들에게 남는 것은 결국 퇴직의 두려움뿐입니다.

무지 때문에 곤경에 처하든가 혹은 알지 못하기에 곤란을 겪고도 이를 배우려 하지 않는다면 이는 개인에게도 문제지만 조직을 끌어가는 리더에게는 더 큰 치명적인 결과를 안기곤 합니다. 조직이 크면 클수록 그 피해는 더 커집니다. 그게 국가라면 리더의 불학(不學)은 국가의 존망을 좌우할 수도 있는 막대한 위험을 초래할 수도 있습니다. 이를 막고자 조선 유학자 율곡 이이 선생은 곤이불학의 군주였던 선조를 위해 《성학집요》를 쓰기도 했습니다.

조선 최고
명문가의 권간

조선의 제14대 왕 선조는 15세에 등극하여 41년간 조선을 통치했습니다. 조선 최고의 유학자이며 홍문관 부제학이었던 율곡 이이는 개혁을 이루지 못하는 임금인 선조에게 위기를 극복할 마지막 기회임을 간절히 담아 그의 학문적 역량을 다 쏟아부은 정치 철학의 역작 《성학집요》를 지어 이제 막 24세가 된 8년 차 군주인 선조에게 올렸습니다. 이때 율곡의 나이는 불혹의 마흔이었습니다. 조선 최고의 문장가답게 선조에게 올리는 《성학집요》의 서문은 이렇게 시작합니다.

신(臣) 이이(李珥)는 삼가 아룁니다. 소신이 땅강아지나 개미 같은 미미한 생명으로 천지 같은 넓은 은혜를 입었사오니, 은혜는 바다보다 깊고 의리는 산보다 중합니다. 지혜와 정성을 다하여 만 분의 일이라도 우러러 보답하고자 하오나, 오직 타고난 기질이 순수하지 못하고 공부도 얕사옵니다. 재주는 엉성하고 학문은 거칠어 어떤 성과도 보지 못하였사옵니다. 나무하고 꼴 베는 사람 수준의 별 볼 일 없는 지혜로라도 반드시 성상께 모두 아뢰어 아주 적은 도움이나마 드리고 싶사옵니다. 이 책이 신의 손에서 나왔다 하더라도 이는 성현의 말씀이옵니다. 이에 만 번 죽음을 무릅쓰고 책을 흰 보자기에 싸서 조정에 절하고 바치옵니다. 읽어 보시고 성현의 가르침을 깊이 음미하시고, 빛나는 업적을 이어 가도록 더욱 노력하시어, 높고도 밝으며 넓고도 두

터운 경지에 이르신다면 충성을 다하고자 하는 소신의 뜻
도 조금은 펼 수 있을 것이옵니다.

율곡은 이 서문에서 밝은 정치가 행해지지 않는 것은 정치에
관한 공부나 독서가 부족해서가 아니라 정밀하게 이치를 살피지
못했기 때문이며, 지식과 견문이 넓지 못한 것이 이유가 아니라
실천함이 독실하지 못했기 때문이며, 살피는 데 정밀하지 못한
것은 그 요령을 얻지 못해서요, 실천하는 데 독실하지 못한 건 성
의를 다하지 못해서라고 지적했습니다.
　또한 제왕의 학문은 기질을 바꾸는 것이 우선이요, 제왕의 정
치는 정성을 다해 어진 이를 등용하는 것이 우선이라 제언했습
니다. 기질을 바꾸는 데는 병을 살펴 약을 쓰는 것이 성과를 거
두고, 정성을 다해 어진 이를 쓰는 데는 상하(上下)가 틈이 없는
것이 좋은 결과를 얻는다고 했습니다.

삼가 뵈옵건대, 전하께서는 누구보다도 총명하고 지혜로우
시며 천성적으로 효도와 우애와 공손과 검소함을 지니셨습
니다. 역사상 건줄 만한 이가 드뭅니다. 다만 영특한 기질
이 너무 드러나다 보니 착한 것을 받아들이는 도량이 넓지
못하시고, 쉽게 역정을 내어 이기기를 좋아하는 사사로운
마음을 버리지 못하셨습니다. 이러한 병폐를 제거하지 않

으시면 도에 들어가는 데 방해될 것이옵니다.

그리하여 달콤하게 말하는 자가 많이 받아들여지고, 직언하여 과실을 지적하는 자는 반드시 거슬릴 것입니다. 전하께서는 부인과 내관을 엄격하게 대하시어 조금도 정에 연연하는 생각은 없으십니다. 그러나 언관들이 편애하여 비호한다고 지적하면 갑자기 고함을 질러 도리어 편애하여 비호하는 뜻을 보이십니다. 또 나랏일이 날로 망가지는 것을 보고 바로잡을 뜻이 없는 것은 아니나 언관들이 고집하신다고 나무라면 문득 더 완강히 거절하여 도리어 고집하는 뜻을 보이십니다. 말씀하시고 일을 처리하는 것이 이와 같음이 비록 신하들이 전하의 마음을 알지 못한 탓이기도 하지만, 전하께서 도량이 넓지 못하시고 사사로움을 극복하지 못하셨기 때문이기도 합니다.

전하께서는 자질이 순수하고 학문이 고명하시어 훌륭한 임금이 되시는 것을 감히 막지 못할 것이옵니다. 그리하온데 어찌하여 뜻을 세우기를 돈독히 하지 않으시고 착한 것을 취하기를 널리 하지 않으십니까. 신하들이 잘못을 바로잡아 허물이 없게 해 드리고자 하면 반드시 이해 못 한다고 의심하시고, 착한 말을 아뢰고 어려운 일을 권하여 요순의 도로 인도하려고 하면 반드시 감당할 수 없다고 거절하십니다. 전하께서 한가하시거나 조용히 읽으시는 것이 무슨 책이오며, 힘쓰시는 것이 무슨 일이옵니까. 자질이 아름다운데도 충분히 기르지 못하고 병통이 깊어도 고치지 못하시면 어찌 신하들만이 아래에서 통탄할 뿐이겠습니까.

그러면서 율곡은 국왕이 먼저 큰 뜻을 세우고 반드시 성현을 표준으로 삼아 꼭 백성이 평안한 세상을 만들 것이라 기약해야 한다고 말했습니다. 임금은 높고 깊은 궁궐에 있으면서 신하들을 멀리해서 착한 줄을 알고도 등용할 뜻을 보이지 아니하고, 악한 것을 보고도 내치는 명을 내리지 아니하면서 스스로 중요한 기밀을 신하들이 감히 엿볼 수 없게 하는 것이 임금의 체통을 지키는 것이라 여기는데 이것이야말로 경계하여야 할 것임을 간언했습니다.

아, 밝은 임금이 나오는 것은 천년에 한 번 있을 만한 귀한 일인데 세도(世道)가 추락하는 것은 물이 아래로 흐르는 것처럼 쉽게 일어나는 일입니다. 지금 급히 구원하지 않으면 후회해도 소용없을 것이옵니다. 옛사람이 말하기를 "어리석은 임금을 원망할 것이 아니라 현명한 임금을 원망하라" 하였사옵니다. 이는 어리석은 임금은 하려고 해도 할 능력이 없기에 백성이 기대할 것이 없지마는, 현명한 임금은 할 수 있는데도 힘쓰지 않기 때문에 백성들의 원망이 깊어지는 것입니다. 그러니 어찌 크게 두려워하지 않을 수 있겠습니까.

신이 지금 엮은 책을 바치면서 다른 군더더기 말씀을 드리는 게 옳지 않습니다마는, 그래도 이같이 말씀드리는 것은 진실로 전하께서 기질을 고치시려는 노력이 없거나, 정성을 미루어 어진 이를 등용하는 실상이 없다면 이 책을 바치더라도 헛말로 돌아가고 말 것이기 때문입니다. 그러므로 이같이 외람된 말씀을 드리오니 삼가 바라옵건대, 전하께서는 이 어리석음을 용서하시고 인자하게 살피시어 받아주시옵소서. 결재해 주소서.

하지만 선조는 율곡의 충정을 받아들이지 못했습니다. 율곡이 죽고 채 10년도 지나지 않아 임진왜란이 일어났고 조선의 운명은 백척간두에 서게 되었습니다. 이는 국가나 기업이나 개인이나 크게 다르지 않습니다.

우리는 누구나 밀려가는 대로 살고 싶지 않습니다. 갈팡질팡 헤매며 살고 싶지 않습니다. 그래서 누구나 나름의 기준을 두게 됩니다. 10대에는 부모가, 20대에는 젊음이, 30대에는 사랑이 기준일 수 있습니다. 40대에는 일이, 50대에는 기여가, 60대에는 인정이, 70대에는 건강이, 80대에는 어른이 기준일 수 있습니다.

10, 20, 30, 40대의 바쁜 40년을 보낸 후 더 안정되고 희망적인

50, 60, 70, 80대의 40년을 맞이하기 위해 인생의 중심 마흔과 오십 사이에 해야 할 일이 있다면 그것은 자신과 일을 세우는 힘의 근력을 키우는 일입니다.

10, 20, 30대가 만족스럽지 못했다면 이제 困而學(곤이학)을 생각할 때입니다. 그간의 어려움에서 벗어나기 위해 움직여야 할 때입니다. 자신의 태도나 일하는 방식을 바꾸어야 합니다. 생각을 바꾸거나 믿음을 바꾸어야 합니다. 우리의 인생에서 마흔과 오십 사이는 곤이학 하기에 가장 좋은 때입니다. 지금까지 적지 않은 사람들이 이 시기에 자신을 세우고 일을 만들어 냈습니다. 과거 누군가 그런 의미 있는 마흔과 오십 사이를 보냈다면 그건 지금의 우리에게도 가능한 일입니다.

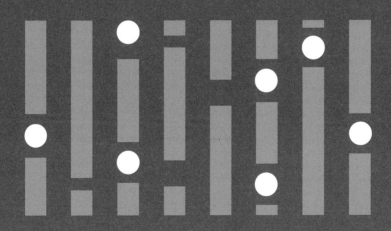

3장

입장을 바꿔라

홀로 쓸쓸하게 살고 싶지 않다면

사람은 누구나 타인과의 관계 속에서 살아갑니다. 관계가 원활하지 않으면 삶은 외롭고 쓸쓸해지기 마련입니다. 공자는 인간관계를 매우 중시하며, 타인을 이해하고 존중하는 것이 삶의 중요한 덕목이라고 가르쳤습니다. 《논어》의 인간관계에 대한 10가지 가르침은 우리에게 상대방을 이해하고 소통하는 방법을 소상히 알려 줍니다.

기질지우
其疾之憂

내리사랑은 쉬워도
치사랑은 어렵다

혼자 산다는 건 힘든 일입니다. 아니 어쩌면 거의 불가능한 일일지도 모릅니다. '나는 혼자 산다'고 말하는 사람도 사실은 혼자 힘으로 살아가는 게 아닙니다.

점심시간에 가까운 식당으로 가 1만 원 주고 설렁탕을 한 그릇 사 먹는다고 하면, 설렁탕 한 그릇에도 이미 수많은 사람의 노력이 들어가 있지요. 농부들의 땀과 정미소의 노력과 이동 수단의 지원과 고속도로의 기반 시설과 쌀과 고기를 파는 시장 상인들의 노력과 축산인들의 노력과 식당 요리사의 노고가 그 어떤 문제없이 연결되어야만 가능한 일이지요. 사실 설렁탕 한 그릇도 수많은 사람의 땀방울이 있었기에 우리가 먹을 수 있는 것입니다. 딸랑 1만 원짜리 지폐 한 장이 있다고 가능한 게 아닙니다. 사람은 사람들의 도움으로 살아갑니다. 그래서 우리는 모여 함께 살아갑니다.

여자와 남자가 만나 부부가 되고 아이가 생기고 가족이 됩니다. 가정이 모여 마을이 되고 마을이 모여 읍이 되고 군이 되고 도가 되고 나라가 모여 세계가 됩니다. 가정이 우리 삶의 기반이 되고 중심이 되는 건 기본 조건입니다. 그러니 삶의 시작인 가정이 편안해야 마을이 편안하고 국가가 평안해집니다. 가정이 흔들리면 마을도 국가도 불안해지는 것이지요. 그래서 중요한 게 바로 가정 구성원 간의 관계입니다. 시작은 부부 관계입니다. 아이가 생기면서는 부모 자식의 관계입니다. 어차피 모여 살아야만 하는 게 숙명이라면 가정에서의 관계는 피할 수 없는 과제입니다.

그래서 공자께서 제안하신 게 바로 인입니다. 仁은 사람(人) 둘(二)이 모여 있는 형상의 글자로 뜻 또한 그렇습니다. 두 사람이 모여 살 때 서로 사랑하고 서로 존경하고 서로 격려하고 서로 용서하면서 평화롭고 조화롭게 살아갈 수 있는 마음, 그게 바로 인의 마음입니다.

그러니 부부는 사랑이 먼저요, 부모 자식은 사랑과 효가 먼저입니다. 자식에 대한 부모의 사랑이 자애(慈愛)입니다. 부모에 대한 자식의 사랑은 부모를 정성껏 섬기는 효도(孝道)입니다. 그러니 자식에게 베푸는 도타운 사랑인 자애나 부모를 섬기는 도타운 사랑인 효도가 모두 같은 인입니다.

자애와 효도는 결국 같은 사랑의 마음입니다. 행복한 가정을 만드는 기반은 바로 인이라는 것을 2,500년 전부터 알고 있었습니다. 그러니 자애와 효도가 2,500년 전에만 필요했고 지금은 필요하지 않아서 아주 낡은 개념으로 치부할 게 아닙니다. 지금도 가정은 행복한 곳이어야 합니다. 지금도 가족의 사랑은 늘 필요하기에 그렇습니다.

2,500년 전 효는 그렇게 어색한 게 아니었습니다. 강제로 규정하거나 일방적으로 몰아붙이지 않았습니다. 법률로 정해 놓은 규범이 아니었습니다. 효는 부모의 사랑이었습니다. 효는 부모가 자식을 향한 간절한 마음이었습니다. 묵묵히 자식을 지켜 주는 기도와 같은 것이었습니다.

맹무백이 효에 관해 물었을 때 공자께서 말씀하셨다.
부모는 오로지 자식이 아프지 않을까만을 걱정한다.
孟武伯問孝 子曰 父母唯其疾之憂
맹무백문효 자왈 부모유기질지우

《논어》〈위정〉 6장

공자께 이 질문을 한 제자는 당시 노나라 이름난 가문 중의 하나인 맹 씨 가문의 젊은이 맹무백이었습니다. 맹무백은 당시 세도가의 자손으로 몸이 매우 뚱뚱했습니다. 체(彘)가 그의 원래 이름이었습니다. 이는 '돼지'라는 뜻으로 그가 매우 뚱뚱했음을 유추해 볼 수 있는 단서이기도 합니다. 그러니 그가 공자께 효를 물었을 때 공자는 바로 이렇게 말했던 것입니다.

"네 부모는 오로지 네가 병들지 않을까만을 걱정할 것이다. 네 부모는 혹여 네가 병으로 고생이나 하지 않을까를 늘 근심하신다. 그러니 몸 관리를 잘해야 한다. 몸이라도 아프게 된다면 네 부모는 그것보다 가슴 아픈 일이 없기 때문이야. 그게 효지 뭐가 효겠느냐?"

2,500년 전 공자가 가르친 효는 그렇게 대단한 개념이 아니었습니다.

'건강해야지.'

우리가 늘 하는 이야기를 공자가 했습니다. 부모 입장이라면 누구라도 했을 우려와 걱정을 공자가 가르치고 있습니다.

효는 어떤 특별한 게 아닙니다. 부모는 자나 깨나 자식 걱정이 먼저입니다. 특히 건강을 염려합니다. 그러니 건강한 몸의 유지가 바로 효의 시작입니다. 건강하다면 이미 효도의 반은 끝난 것이나 다름없습니다. 제 한 몸 건강도 챙기지 못하면서 무슨 효를 논할 수 있겠습니까?

자식이 건강하지 못하다면, 혹여 자식이 병석에 누워 있다면 경시 대회에서 1등을 한들 원하는 대학에 합격한들 그게 무슨 큰 기쁨이겠습니까? 혹여 자식이 병이나 불의의 사고로 다시는 손 한번 만져 볼 수도, 얼굴 한번 볼 수도 없게 된다면 아무리 반에서 수석을 했다 한들 아무리 수능에서 1등을 했다 한들 부모에게 그게 무슨 의미가 있겠습니까?

공자의 제자인 증자의 저서로 알려진 《효경》은 유가 십삼경(十三經)의 하나입니다. 《효경》에서 정의하는 효 역시 번잡하지 않습니다. 몸의 훼손 없이 건강하게 살아가는 게 효의 시작이요, 입신양명하여 그 이름을 명예롭게 남기는 게 효의 끝이라 했습니다. 한마디로 자식이 잘 살아가는 게 효의 시작과 끝이라는 뜻입니다.

머리카락에서 피부에 이르기까지 신체는 모두 부모에게 받은 것으로 감히 훼손 없이 잘 보존하는 것이 효의 시작이요. 몸을 세우고 바르게 살아 후세에 그 이름이 명예롭게 남아 부모를 드러내는 것이 효의 마지막이다.

身體髮膚 受之父母 不敢毀傷 孝之始也 立身行道 揚名於後
世 以顯父母 孝之終也
신체발부 수지부모 불감훼상 효지시야 입신행도 양명어후
세 이현부모 효지종야

부모를 모시기도 어렵지만
마음으로 위하기는 더 어렵다

공자 시대의 효는 복잡하지 않았습니다. 집을 나설 때는 어디
를 간다고 말하고 언제 돌아올 수 있는지를 말해야 합니다. 당연
한 상식이라 생각하지만 춘추 시대에도 그 상식이 잘 통용되지
못했나 봅니다. 그러니 공자께서 이렇게 말했나 봅니다.

공자께서 말씀하셨다.
부모가 살아 계시면 멀리 놀러 가지 말고 가더라도 반드시
가는 곳을 알려야 한다.
子曰 父母在 不遠遊 遊必有方
자왈 부모재 불원유 유필유방

《논어》〈이인〉 19장

요즘이야 스마트폰이 있어 1시간이 멀다 하고 서로 연락을 주

고받으면서 안부를 수시로 확인하지만, 예전에는 집을 나서고 집에 돌아오는 때를 알리는 것이 안부의 시작과 끝이었습니다. 아침에 나가면 종일토록 어디서 무엇을 하는지 알 수 없었기에 더욱 그랬습니다.

말없이 집을 나서면 집에 있는 사람은 나간 사람이 돌아올 때까지 마음이 불안합니다. 남편이 말없이 나가면 아내는 하루 내내 좌불안석입니다. 아내가 말없이 나가면 남편은 하루 내내 일을 할 수가 없습니다. 자식이 아침에 말없이 휙 나가 버리면 부모는 하루해가 다 지도록 노심초사입니다.

어느 집이든 저녁이면 부모는 자식을 기다립니다. 현관문을 바라보며 기다리다 버스 정류장으로 나가 자식을 기다립니다. 혹여 자식이 멀리 여행이라도 가면 손에서 전화를 놓지 못합니다. 무사하다는 자식의 전화를 받지 못하면 잠자리에 들지 못합니다. 그게 부모의 마음입니다.

그 마음을 헤아리는 것이 바로 효의 시작입니다. 집을 나설 때와 들어올 때는 부모님의 얼굴을 보면서 알려야 합니다. 어디에 있는지, 언제 어디로 가는지 주기적으로 알려야 합니다. 집 나간 자식이 돌아오기 전까지 부모의 하루는 끝나지 않습니다. 알림의 수단이 예전보다 엄청 편해졌음에도 부모의 걱정이 예나 지금이나 비슷한 이유는 어디에 있을까요?

《논어》에는 제자들이 효를 묻는 대목이 여러 번 등장합니다.

공자는 그때마다 제자의 상황에 맞게 효를 가르쳤습니다. 한번은 자유라는 제자가 공자에게 효에 대해 물었습니다. 자유는 공자보다 35세가 적었습니다. 사과십철(四科十哲)에 자하와 함께 문학(문헌 연구)에 능한 인물로 이름을 올리고, 무성이라는 읍의 최고 관리로 일했던 제자입니다. 공자께서 효를 이렇게 말했습니다.

공자께서 말씀하셨다.
오늘날의 효는 단지 봉양을 잘하는 것을 말하는데 개나 말에게도 모두 먹이를 주고 있는 바 공경하는 마음이 없다면 개나 말과 어떻게 구별을 하겠는가?
子曰 今之孝者 是謂能養 至於犬馬 皆能有養 不敬 何以別乎
자왈 금지효자 시위능양 지어견마 개능유양 불경 하이별호

《논어》〈위정〉7장

'오늘날의 효는 부모의 의식주를 해결해 드리는 것만을 말하는데 집에서 기르는 개와 말에게도 의식주는 해결해 주고 있는 바 공경하는 마음이 빠진다면 개와 말을 기르는 것과 어떻게 구별을 하겠는가'라는 뜻입니다.

효란 단순히 아침저녁으로 부모님께 밥상을 차려 드리는 것만으로는 완성되지 않습니다. 집에서 키우는 강아지나 고양이에

게도 아침저녁으로 먹이를 챙겨 줍니다. 공경하는 마음이 없다면 개나 고양이에게 먹이를 주는 것과 무엇이 다르겠습니까? 사랑하고 공경하는 마음이 없는 행위는 진정한 효가 될 수 없습니다. 효의 본질은 물질적 지원을 넘어 마음에서 우러나오는 것이기 때문입니다.

물론 요즘 세대 모두가 부모님을 사랑하고 봉양하는 정신이 없는 것은 아닙니다. 마찬가지로 옛날 사람 모두가 부모님을 진심으로 사랑하고 모신 것도 아닙니다. 옛 성현들이 개와 소를 예로 들어 효도를 설명한 것처럼 시대를 막론하고 효도는 늘 어려운 문제였음을 알 수 있습니다.

여러 가지 이유로 부모님 곁을 떠나 살아가야 하는 현실에서 바쁘지 않은데도 바쁘다는 핑계로, 끝없이 도움을 주시는데도 더 많이 도와주지 않는다는 핑계로, 아프지 않은데 아프다는 핑계로, 강아지 수술에는 수십만 원을 쓰면서 부모님께 전화 한 통 드리지 않았던 지난 시간이 후회와 고통으로 다가옵니다. 공경이라는 단어를 군이 강조하지 않더라도 부모님과 함께할 수 있는 소중한 시간은 한정되어 있습니다. 어머니가 살아 계실 때, 아버지가 곁에 계실 때의 시간이 몹시 그리워지는 순간은 누구에게나 찾아오기 때문입니다.

불역락호
不亦樂乎

유익한 친구는
언제나 환영받는다

독일의 대문호 괴테는 "빛과 공기가 남아 있고 친구와 사랑이 남아 있으면 절망할 일이 무엇이랴!"라며 사랑과 우정을 말했습니다. "친구란 모든 것을 알고 있으면서도 사랑해 주는 인간을 말한다"라는 앨버트 하버드의 말처럼 그런 친구가 한 명이라도 있으면 좋겠습니다.

인스타그램이나 페이스북에는 수많은 친구가 늘 웃고 있습니다. 온라인으로 맺어진 많은 친구들 대부분은 얼굴을 숨긴 채 저를 지켜보고 있습니다. '좋아요' 한 번 눌러 주지 못하는 그런 얼굴을 친구라고 보기 어려워 주기적으로 관계를 끊고 새로운 멋진 친구 기다리기를 반복합니다. 하지만 매번 말없이 웃는 얼굴로 '좋아요'를 누르는 화면의 친구들 또한 어떤 사람들인지 가늠하기 쉽지 않습니다.

그런데도 '친구'라는 단어가 나오면 많은 이가 어려서 배운 관포지교(管鮑之交)를 떠올립니다. 공자가 태어나기 100여 년 전 춘추 시대 제나라 재상이었던 관중과 포숙의 아주 오래된 우정에 관한 이야기지요.

당시 제나라에 권력 다툼이 일어났는데, 관중이 도운 왕자는 패배하고 포숙이 도운 왕자가 왕이 되었습니다. 이에 관중이 지원한 왕자는 자결하고 관중은 붙잡혀 죽음을 앞두게 되었습니다. 이때 포숙이 자신이 도운 왕에게 간청합니다.

"제나라를 다스리는 것만으로 만족하신다면 저만으로도 충분하겠지만 천하의 패자가 되고자 하신다면 저 대신 관중을 재상으로 등용해 주십시오."

왕은 포숙의 청을 받아들여 자신을 죽이려 했던 관중을 재상으로 삼아 결국 춘추 시대 최초의 패권국이 되었습니다. 그가 바로 제환공입니다. 나중에 관중은 포숙을 이렇게 말했습니다.

"장사를 함께한 후 이익을 나눌 때 나는 내 몫을 더 크게 했지만 내 친구 포숙은 나를 욕심쟁이라고 말하지 않았다. 그는 나의 가난함을 알고 있었기 때문이었다. 사업에 실패했을 때 포숙은 나를 어리석다고 말하지 않았다. 일이란 이로울 때도 있고 그렇지 않을 때도 있음을 알기 때문이었다. 내가 몇 번이나 벼슬길에 실패했지만 포숙은 나를 무능하다고 말하지 않았다. 시대를 만나지 못했음을 알기 때문이었다. 내가 싸움터에서 도망친 적이 있지만 그는 내게 늙은 어머니가 계셨기 때문이라 이해해 주었다. 나를 낳아 준 이는 부모님이지만 나를 알아준 이는 진정 포숙뿐이다."

관중과 포숙, 관포지교는 중학교 때 배운 이후 '친구'라는 말만 나오면 늘 생각나는 어구였습니다. '나도 관포지교와 견줄 만한 친구가 있으면 좋겠다'는 막연함 때문이었습니다. 오랫동안 서로 잊지만 않으면 관포지교가 쉽게 되는 줄 알았습니다. 중학교 혹은 고등학교 몇 년 동안 친하게 지낸 이력만 있으면 10년, 20년, 30년이 지나도 계속 유지되는 줄 알았습니다.

그런데 미국의 초대 대통령인 조지 워싱턴은 "우정이란 성장이 더딘 식물이다. 그것이 우정이라고 불릴 만한 가치가 있기까지 몇 번이고 어려운 충격을 받고 또 그것을 견뎌 내지 않으면 안 된다"라고 말했습니다.

친구로 만나 그냥 세월만 흐른다고 우정이 생기는 게 아니었습니다. 좋은 친구가 되기 위해서는 그만큼의 고된 과정이 필요하다는 것을 나중에 알았습니다. 그러니 우리가 친구라고 부르는 그 친구들은 사실 대부분 친구가 아닌 그저 아는 사람일 뿐입니다.

공자께서는 《논어》 첫 편 〈학이〉의 첫 장 두 번째 문장에서 이렇게 말했습니다.

친구가 멀리에서 찾아온다면 이 또한 즐겁지 아니한가.

有朋自遠方來 不亦樂乎

유붕자원방래 불역락호

《논어》〈학이〉 1장

공자의 이 말씀은 어떤 제자에게 한번 가볍게 던진 말이 아닙니다. 인생 전체를 조명해 볼 때 공자께서는 친구들과, 더 확대하면 제자들과 평생을 함께했다는 회고였습니다. 서른 즈음부터 제자들을 가르치기 시작해 근 40년 이상을 함께한 제자들과의 삶이었기에 더욱 그렇습니다.

제자로 있던 학생들이 수시로 떠나고 돌아왔을 것입니다. 어떤 제자는 관직 생활을 마치고 돌아왔고, 어떤 제자는 외국에 사신으로 다녀왔고, 어떤 제자는 부모님 삼년상을 마치고 돌아왔을 것입니다. 어떤 제자는 3년 만에, 어떤 제자는 10년 만에 스승을 찾아왔을 것입니다. 중요한 일을 마치고 돌아온 제자가 반갑지 않을 리가 없습니다. 오랜만에 만난 친구들끼리 반갑지 않을 리가 없습니다. 제자나 친구를 통해 그동안 접해 보지 못했던 다른 세상의 다양한 이야기를 듣는다는 건 큰 즐거움이 아닐 수 없습니다.

가족도 중요하지만 이렇게 마음에 맞는 친구나 제자들과의 일상적인 삶이 즐겁지 않을 수가 없습니다. 우리가 지금 작은 액정 속에서 만나는 친구 아닌 친구들의 모습과는 전혀 다른 행복이 아닐 수 없습니다. 행복한 모습만 보이는 그 인스타그램이나 페이스북 친구와는 다른 기쁨이 아닐 수 없습니다.

공자는 대여섯 살 차이 나는 제자부터 50세나 차이 나는 제자들까지 두며 평생을 제자 양성에 힘썼습니다. 노나라는 물론 춘추 시대에 여러 제후국에서 문무 관료로 일한 제자들이 많았으며, 춘추 시대 이후 제자백가 주요 학파가 모두 공자의 제자들로부터 시작되었습니다. 2,500년이 지난 지금까지도 수많은 사람이 《논어》를 통해 공자를 찾아가고 있으니 지하에서의 공자께서 얼마나 즐거우시겠습니까? 자신을 따르겠다고 하는 수많은 사람이 매일 찾아오고 있으니 공자는 얼마나 즐거우시겠습니까?

《논어》의 이 문장이 오늘의 우리에게 시사하는 바가 있다면 그것은 무엇일까요? 사람은 사람들과 함께할 때 진짜 즐거움이 시작됨을 말합니다. 이는 리더의 조건이기도 합니다. 사람들과 함께하는 것입니다. 사람들과 함께하는 것이 늘 즐거운 일은 아니지만 즐거운 일로 만들어 내는 사람이 리더입니다. 리더는 뜻을 같이하는 사람이나 뜻이 좀 다른 사람이나 모두 한 방향으로 선도하는 사람이기에 그렇습니다. 가정이나 조직이나 마찬가지입니다. 공자가 그런 리더의 삶을 살았음을 《논어》의 이 문장이 반증합니다.

함께하면 즐겁고 편안한
친구가 되는 법

《논어》에서는 친구의 기준이나 친구 사이에 유의할 일들을 여러 가지로 가르치고 있습니다. 그중 몇 가지를 소개해 보겠습니다. 여기에서 이야기하는 친구는 학교 친구도 사회 친구도 직장 동료 혹은 가벼운 선후배까지도 포함할 수 있습니다.

첫째, 유익한 친구

"친구 따라 강남 간다"라는 말이 있습니다. 자기는 하고 싶지 않으나 친구에게 이끌려서 덩달아 일에 참여하게 된다는 뜻입니다. "유유상종(類類相從)"이라는 말도 있습니다. 같은 무리끼리 서로 따르고 좇는다는 뜻이지요. 그러니 공자께서도 서로 유익한 친구가 있다고 했습니다.

공자께서 말씀하셨다.
도움이 되는 세 친구가 있으니 정직한 친구, 신실한 친구,
견문이 많은 친구와 벗하면 유익하다.
孔子曰 益者三友 友直 友諒 友多聞 益矣
공자왈 익자삼우 우직 우량 우다문 익의

《논어》〈계씨〉 4장

먼저 곧은 말을 하는 정직한 친구입니다. 둘째는 성품이 너그러운 신실한 친구입니다. 마지막으로 견문이 넓어 지식이 해박한 친구입니다. 이는 학교에서도 직장에서도 마찬가지입니다. 자신도 모르게 잘못된 길로 빠져들고 있다면 곧은 말로써 다잡아 줄 수 있는 동료나 상사가 좋은 친구입니다. 성품이 모나지 않고 너그러운 동료나 상사와 함께 일한다면 이는 행운입니다. 필요할 때 도움이나 지원을 받을 수 있는 역량 있는 동료나 상사와 함께하는 것 역시 마찬가지입니다.

둘째, 무익한 친구
다음으로는 도움이 안 되는 친구입니다. 성격이 괴팍한 친구, 의지가 연약한 친구, 말만 잘해 아첨을 잘하는 친구는 오랫동안

함께하기가 쉽지 않습니다. 직장에서도 마찬가지입니다. 성격이
독특한 동료나 상사는 그 비위를 맞추기가 어렵습니다. 우유부
단하여 자기주장이 없는 사람 역시 함께하기 쉽지 않습니다. 행
동보다 말을 늘 앞세우는 사람은 피하는 것이 상책입니다.

공자께서 말씀하셨다.
손해가 되는 세 친구가 있으니 편벽한 친구, 부드러운 척하
는 친구, 말만 잘하는 친구와 벗하면 해롭다.
孔子曰 損者三友 友便辟 友善柔 友便佞 損矣
공자왈 손자삼우 우편벽 우선유 우편녕 손의

《논어》〈계씨〉 4장

셋째, 친구 간의 조언
친구에게 하는 조언은 조심해야 합니다. 친구는 후배가 아닙
니다. 친구는 친구의 조언을 듣기 싫어합니다. 선배나 부모의 조
언도 거부하는 경우가 적지 않은데 하물며 친구의 조언은 더 말
할 여지가 없습니다. 그러니 공자께서도 친구나 상사에게 조언
할 때 유의해야 함을 이렇게 말하고 있습니다.

자유가 말하였다.
군주를 섬김에 간언을 자주 하면 욕을 당하고 친구에게 충

고를 자주 하면 사이가 멀어진다.

子游曰 事君數 斯辱矣 朋友數 斯疏矣

자유왈 사군삭 사욕의 붕우삭 사소의

《논어》〈이인〉 26장

상사의 잘못이나 불합리한 처사가 생길 때마다 충고한다면 자신의 의도와는 다르게 욕을 당할 수가 있습니다. 역으로 그 어떤 경우라도 상사의 일이라면 예스맨이 되어도 종국에는 욕을 당할 수가 있습니다.

친구에게 조언이나 충고를 자주 해서는 안 됩니다. 의도와는 다르게 사이가 멀어지는 원인이 됩니다. 친구에게 충고를 듣는다는 건 쉬운 일이 아니기 때문입니다. 중용을 지키기가 어렵지만 중용을 찾아가는 것이 삶의 지혜입니다. 그것은 가족이나 친구에게도 마찬가지입니다.

과야필문
過也必文

인정하지 않고 핑계만 대면 소인이다

원칙은 모두가 지켜야 의미가 있습니다. 부자나 가난한 사람이나 권력자나 힘없는 사람이나 지키기로 정한 원칙이라면 이는 함께 지켜 나가야 살 만한 세상이 됩니다. 잘난 사람은 미꾸라지처럼 요리조리 빠져나가고, 힘없거나 어수룩한 사람은 재수 없게 매번 걸려드는 세상이라면 희망이 없는 세상입니다.

남자는 지켜야 하고 여자는 어겨도 되는 법이라면 의미가 없습니다. 여자는 지켜야 하고 남자는 어겨도 되는 법이라면 그 역시 의미가 없습니다. 사원은 지켜야 하고 팀장은 지키지 않아도 되는 출퇴근 시간 규정이라면 그건 의미가 없습니다. 시민은 지켜야 하고 공무원은 지키지 않아도 되는 법규라면 그 역시 의미가 없습니다. 시민은 구속하고 고위 공직자는 구속을 풀어 주는 법이라면 그건 원칙이 아닙니다.

세상에 아무리 그럴듯한 명분의 법조문이 거미줄처럼 촘촘하게 조직화되었어도 모두에게 적용되지 않고 선별적으로 적용된다면 그게 무슨 민주주의 법이겠습니까? 원칙은 모두가 지킬 때만 의미가 있습니다. 그런 법을 정의로운 법이라 할 수 있겠습니까? 그런 사회를 좋은 사회라 할 수 있겠습니까? 힘 있는 자만 자유로운 나라가 좋은 나라라 할 수 있겠습니까? 힘없는 사람은 늘 당해야만 하는 사회가 좋은 사회라 할 수 있겠습니까?

사장에게만 천국 같은 회사라면 그 회사의 직원은 지옥 같은 나날을 보낼지도 모릅니다. 선생님에게만 천국 같은 학교라면 그 학교의 학생은 지옥 같은 일상을 보내고 있을지도 모릅니다. 고위 공직자 몇 명에게만 천국 같은 국가라면 그 나라 국민은 지옥 같은 삶을 이어 가고 있을지도 모릅니다. 부자에게만 천국 같은 나라라면 가난한 사람은 지옥 같은 고역의 시간을 보내고 있을지도 모릅니다. 법을 잘 아는 사람에게만 자유로운 나라라면 법 모르는 사람들은 개돼지 취급을 받으며 억울하고 힘겨운 나날을 보내고 있을지도 모릅니다.

앞에서는 그럴싸한 모습을 보이면서 뒤로는 호박씨를 까는 사람이 적지 않습니다. 앞에서는 웃음을 보이지만 뒤로는 이를 가는 사람도 그렇습니다. 앞에서는 악수를 내밀면서 뒤로는 칼을 들이대는 사람도 그렇습니다.

앞뒤가 다른 사람을 바른 사람이라 할 수 있겠습니까? 앞에서는 간과 쓸개를 줄 것처럼 해도 뒤에서 이를 갈고 칼을 들이대는 그런 사람을 좋은 사람이라 할 수 있겠습니까? 그런 사람을 친구라 할 수 있겠습니까? 그런 사람을 같이 일하는 사우라 할 수 있겠습니까? 그런 사람을 이웃이라 할 수 있겠습니까? 그런 사람을 친척이라 할 수 있겠습니까? 그런 사람을 고향 사람이라 할 수 있겠습니까? 그런 사람을 동족이라 할 수 있겠습니까?

예나 지금이나 마찬가지입니다. 2,500년 전에도 원칙을 지키기가 어려웠나 봅니다. 공자께서 고(觚)라 불리는 술잔을 들고 이런 말씀을 하셨습니다.

공자께서 말씀하셨다.
고가 고가 아니면 고이겠는가, 고이겠는가.
子曰 觚不觚 觚哉 觚哉
자왈 고불고 고재 고재

《논어》〈옹야〉 23장

중국의 가장 오래된 자전(字典)인 《설문해자》에 의하면 고는

3되의 양이 들어가는, 아래위가 둥글고 중간이 잘록하며 사각형의 모서리가 있는 술잔을 말합니다. 그런데 그 당시 각형이 아닌 술잔도 고라고 했기에 공자가 이것에 '무너진 정치의 도'를 비유하여 개탄한 것입니다. 사각형의 모서리가 아닌 술잔을 아무리 고라고 불러도 그것은 고가 아닌 것처럼 인의와 예에서 벗어난 정치는 아무리 정치라고 불러도 그것은 정치가 아니라는 의미입니다.

우리는 잘못을 고치는 사회에서
살고 있는가?

어쩌면 우리는 가장무도회의 댄서처럼 가면을 쓰고 인생을 살아가는지도 모릅니다. 가면은 처음이 어색하지 한번 쓰면 그 유혹에서 벗어나기가 어렵습니다. 가면은 감추고 싶은 곳을 감추면서도 더 돋보이게 해 주는 묘한 매력이 있습니다. 처음에는 답답하지만 시간이 갈수록 점점 편해집니다. 얼굴에 마스크를 쓰면 더 대담해지는 것과 비슷한 이유입니다. 그러니 어떤 사람은 가벼운 가면을, 어떤 사람은 두꺼운 가면을 쓰고 살아갑니다.

한번은 공자의 제자였던 자하가 이렇게 말했습니다.

자하가 말했다.
소인은 잘못을 저지르면 반드시 그럴듯하게 꾸며 댄다.

小人之過也必文

소인지과야필문

　자하는 위나라 사람으로 성은 복, 이름은 상, 자는 자하이며 증자보다는 2살이 많고 공자보다 44세 적었습니다. 시에 익숙하고 문학으로 이름이 났으며 거보 지역을 다스리기도 했습니다. 공자 사후에 서하 지역에서 제자들을 가르쳤는데 이때 위나라의 문후가 자하를 스승으로 섬겨 국정을 물으며 행했다고 합니다.

　過는 '지날 과, 잘못 과', 文은 '글월 문, 무늬 문, 꾸밀 문'으로 여기서는 '잘못'과 '꾸민다'는 뜻입니다. 소인은 잘못을 저지르면 반성하고 뉘우치는 게 아니라 반드시 그럴듯하게 꾸며 대면서 자신의 잘못이나 실수에 핑계를 댄다는 뜻입니다. 잘못의 원인을 자신에게 두지 않고 다른 사람이나 환경을 탓하며 거짓을 일삼는 사람이 소인이라는 의미이기도 합니다.

　사람은 누구나 잘못할 수 있습니다. 실수 없이 인생을 살아 내는 사람은 단 한 사람도 없습니다. 그러니 실수하는 모습이 아니라 잘못이 밝혀졌을 때 어떻게 하는지를 보면 그 사람의 진짜 얼굴을 찾아낼 수 있다고 하는 것입니다. 사람은 누구나 남에게 잘 보이고 멋지게 보이고 싶어 합니다. 그러니 우리는 잘못을 하고도 변명을 대는 것입니다. 변명과 거짓 핑계를 대는 것입니다.

자하가 "소인은 잘못을 저지르면 반드시 그럴듯하게 꾸며 댄다"
라고 했지만 과연 소인만 그럴까요?

대부분 소인은 잘못을 저지르면 반드시 그럴듯하게 꾸며 댄다.
小人之過也必文

어떤 부자는 잘못을 저지르면 반드시 그럴듯하게 꾸며 댄다.
富者之過也必文

어떤 검찰은 잘못을 저지르면 반드시 그럴듯하게 꾸며 댄다.
檢察之過也必文

어떤 관료는 잘못을 저지르면 반드시 그럴듯하게 꾸며 댄다.
官僚之過也必文

소인은 소인이라 그렇다고 해도 부자들은 어떨까요? 경영을
잘못하여 직원과 시민들에게 피해를 줘도, 부정과 편법으로 경
영해도 그들의 대부분은 그럴듯하게 꾸며 대며 빠져나옵니다.
소인은 소인이라 그렇다고 해도 검찰은 어떨까요? 부정과 불법
을 저지르고 사회적 물의를 일으켜도 마술처럼 피해 가는 신공
을 벌이는 모습을 매스컴을 통해 자주 보여 주는 건 빙산의 일각

이 아닐 수 없습니다. 직위가 높은 고위 관료들은 어떨까요? 고위직을 원하는 사람이 청문회에서 자신의 잘못을 겸허하게 인정하는 모습을 보기가 하늘의 별 따기라면 그들이 고위 관료가 되었을 때 벌어질 미래는 보지 않아도 뻔한 게 아닐까요?

그러니 '소인은 잘못을 저지르면 반드시 그럴듯하게 꾸며 핑계를 댄다'기보다 '잘못을 저지르고 그럴듯하게 꾸며 대는 사람이 바로 소인'이라고 바꾸어야 할 것 같습니다. 소인은 소인이라 그렇다고 해도 자신의 잘못을 그럴듯하게 꾸며 대는 어떤 부자와 어떤 검찰과 어떤 고위 관료는 과연 무어라 불러야 할까요? 핑계를 꾸며 대고 있다면 역시 소인이 아닐 수 없습니다.

그런 우두머리들이 이 세상에서 큰소리치고 군림하는 한 우리는 소인에 의한 소인을 위한 소인의 세상에서 벗어나기 어렵습니다. 우두머리들만의 리그에서 우두머리들만의 자유를 위해 수많은 조무래기는 그저 침묵하면서 살아가야 한다면 이는 공자도 제자인 자하도 원했던 세상이 아닙니다. 그것도 2,500년이나 발전했다고 하는 현실에서라면 더욱 그렇습니다.

그러니 꾸며 대지 않으면 군자입니다. 리더입니다. 자신이 저지른 잘못이라면 인정하고 개선하는 사람이 리더입니다. 그런데 그게 쉽지 않습니다. 쉽지 않기에 예나 지금이나 그렇게 둘러대는 사람이 많은 것입니다. 소인은 소인이라 그렇다고 쳐도 우리 사회를 이끌고 국가를 경영하는 리더들은 그럴듯하게 꾸며 대서는 안 됩니다. 그들은 리더이기 때문입니다.

"고가 고가 아니면 고이겠는가, 고이겠는가."
리더가 리더가 아니면 리더이겠는가? 리더이겠는가?

공자께서 말씀하셨다.
자기보다 못한 벗은 없으니 잘못했으면 고치기를 꺼리지
말아야 한다.
無友不如己者 過則勿憚改
무우불여기자 과즉물탄개

《논어》〈학이〉 8장

그렇습니다. 사람은 사람을 통해서 배우는 존재입니다. 얼핏
나보다 못해 보이는 벗에게서도 사실 많은 것을 배웁니다. 또한
사람은 실수를 통해서 배우는 존재이기도 합니다. 그러니 잘못
했으면 고치기를 꺼리지 말아야 합니다.

덕불고
德不孤

덕이 있는 사람 곁에
사람들이 남는다

혹여 누군가로부터 덕(德)을 설명해 보라는 질문을 받는다면 자못 당황스러울 것 같습니다. 덕, 도덕, 덕치, 《도덕경》, 노자… 뭐 이런 단어들이 입에서 뱅뱅 돌지도 모르겠습니다. 애매모호합니다. 사전적 의미로 덕은 '인간으로의 도리를 행하려는 어질고 올바른 마음이나 훌륭한 인격', 도덕은 '인류의 대도, 인간으로서 마땅히 지켜야 할 도리 및 그에 맞는 행동'이라 합니다. 어렵지는 않지만 이 역시 모호하기는 마찬가지입니다.

《설문해자》에 의하면 德이라는 글자의 유래는 彳(조금 걸을 척)에 直(곧을 직)을 더해 길을 갈 때 곁눈질하지 않고 똑바로 보라는 의미를 그렸는데, 이후 心(마음 심)이 더해져 '똑바른(直) 마음(心)'이라는 도덕성을 강조하는 글자가 되어 '곧은 마음'이 덕의 의미가 되었다고 합니다. 이도 그럴듯하기는 합니다.

조금 더 찾아보도록 하겠습니다. 혹시 간단하게 한두 글자로 설명된다면 직감적으로 이해하기가 더 쉬울 것이기 때문입니다. 《춘추》라는 책은 공자의 마지막 유작입니다. 기원전 700년경부터 공자가 죽기 전까지 약 250년간 노나라의 역사를 기록한 책으로서 핵심을 찌르는 간략한 필체로 유명한 역사서입니다. 이 책은 너무나 소략했기에 당시 노나라 문인 좌구명이 《춘추》를 알기 쉽게 주석을 달아 《춘추좌씨전》이라는 책을 썼는데, 이 책에서 덕을 '信(신)'과 '仁(인)'이라는 두 글자로 정의했습니다.

첫째, 덕은 '믿을 신(信)'입니다.

信은 사람(人)의 말(言)입니다. 사람의 말에는 신의가 있어야 합니다. 신의가 없다면 그것은 사람의 말이 아닙니다. 말은 두 사람 간의 일입니다. 혼자 산다면 말이 없어도 크게 문제될 게 없지만 둘 이상이 모이면 말은 필수가 됩니다. 신뢰가 있는 말은 사람을 살리지만 신뢰가 없는 말은 사람을 죽입니다. 그러니 사람 간의 말에는 거짓이 없어야 합니다. 거짓이 없는 말이 곧 덕입니다. 덕 있는 사람은 거짓을 말하지 않습니다. 덕 있는 사람은 신뢰할 수 있는 사람입니다. 우리의 삶에 신뢰가 바탕이 된다면 사랑도 이해도 용서도 효성도 이루지 못할 게 없을 것입니다.

둘째, 덕은 '어질 인(仁)'입니다.

仁은 사람(人)이 둘(二)입니다. 우리는 모여 삽니다. 모임의 최소 단위가 두 사람입니다. 여자와 남자가 모여 가족이 시작되고 자식이 생기면서 가정이 만들어지고 자손이 늘어나면서 가문이 만들어집니다. 두 사람이 모여 작은 조직을 만들고 구성원이 늘어나면서 큰 조직이 됩니다. 선후배가 생기고 상사와 부하가 생깁니다. 두 사람이 모이면 시너지가 생기고 그 힘은 더하기를 넘어 곱하기가 됩니다.

문제는 갈등입니다. 성향이 다른 두 사람이 모이는데 갈등이 생기지 않는다면 그게 더 이상한 일이지요. 갈등이 커지면 싸움이 되고 싸움이 생기면 둘은 다시 각각 본래의 하나로 나뉘어야 합니다. 그렇지 않으면 더 큰 파국을 맞이해야 하기 때문입니다.

그럴 때 필요한 것이 바로 어진 마음입니다. 두 사람이 함께할 때 서로 사랑하고 이해하고 용서하고 도와주고 싶은 그런 마음이 바로 인한 마음입니다. 우리의 삶에 이러한 인의 마음이 바탕이 된다면 사랑도 이해도 용서도 효성도 이루지 못할 일이 없을 것입니다.

사람은 누구나 신과 인이 자연스럽게 생긴다는 맹자의 성선설이나 사람은 누구나 욕심과 갈등의 마음이 있기에 신과 인은 교육을 통해 가르쳐야 한다는 순자의 성악설을 차치하더라도 이신과 인이 우리의 삶에 꼭 필요한 것임에는 틀림이 없습니다. 두 사람 간에 혹은 사람들 간에 신뢰와 어진 마음이 없다면 사람이 살 만한 세상은 존재하기가 어렵기 때문입니다. 그러니 공자께서도 이런 자연스러운 말씀을 하신 것입니다.

> 공자께서 말씀하셨다.
> 덕이 있는 사람은 반드시 이웃이 있어 외롭지 않다.
> 子曰 德不孤 必有隣
> 자왈 덕불고 필유린

《논어》〈이인〉 25장

공자께서는 덕이 있는 사람은 외롭지 않다고 했습니다. 신과 인이 있는 사람은 외롭지 않습니다. 신뢰와 사랑이 있는 사람은 외로울 수가 없습니다. 신뢰할 수 있는 사람 곁에는 늘 사람들이 모이기 때문입니다. 우리가 누군가를 진심으로 믿는다는 말은 나의 목숨조차도 그에게 걸 수 있다는 뜻이기도 합니다. 인생을 걸 수도 있는 사람이라면 그에게 사람이 모이는 것은 당연한 일이지요.

나의 상대나 나의 파트너가 덕이 있어서 사랑하고 이해하고 용서하고 도와주고 싶은 그런 어진 마음을 가진 사람이라면 그는 절대 외롭지 않을 것입니다. 믿음직스럽고 어진 사람을 좋아하는 사람들은 우리 주변에 흘러넘치기 때문입니다. 이는 예나 지금이나 마찬가지입니다. 혹독한 시기나 평화로운 시기나 마찬가지입니다. 동양이나 서양이나 마찬가지입니다. 덕이 있는 사람은 반드시 이웃이 있어 외롭지 않습니다.

공자께서 편집한 《시경》에서는 덕을 인(仁)·의(義)·예(禮)·지(知)·신(信)·악(樂)·충(忠)·천(天)·지(地) 등 9가지로 말하고 있습니다. 공자의 손자인 자사가 쓴 《중용》에서는 지(智)·인(仁)·용(勇), 즉 지혜롭고 어질며 용맹한 것을 덕이라 했습니다.

10가지의 품성을 들어서 덕을 설명한다면 결국 덕은 인(仁)·의(義)·예(禮)·지(知)·신(信)·자(慈)·공(恭)·효(孝)·용(勇)·충(忠)한 사람을 말합니다. 인 '사람을 사랑하는 사람', 의 '바르게 행동하는 사람', 예 '예의를 잘 지키는 사람', 지 '지혜로운 사람', 신 '믿을 만한 사람', 자 '아랫사람에게 자애로운 사람', 효 '부모에게 효도하는 사람', 공 '손윗사람에게 공손한 사람', 용 '용기 있는 사람', 충 '충직한 사람'이 덕을 가진 사람입니다.

덕 있는 사람의 도덕적 기준이 만만치 않습니다. 그러니 그런 덕성을 갖춘 사람이라면 외로울 리가 없습니다. 이런 사람을 누가 싫어할 수 있겠습니까?

《논어》 500여 어구 중 덕(25), 인(108), 의(15), 예(35), 지(56), 신(13), 공(10), 효(16), 용(10), 충(14) 등 총 302개 이상의 어구에서 직간접적으로 덕을 말하고 있습니다. 참고로《논어》에 많이 등장하는 어구로는 군자(107), 학(61) 등이 있습니다. 이를 모두 합하면 470여 어구가 됩니다. 그러니《논어》는 덕과 군자와 배움에 관한 책이라고도 볼 수 있습니다.

이 시대에 덕이 필요한 이유 세 가지

스스로 일어서기 위해서는 덕이 필요합니다.

내가 남을 이해하고 포용하고 사랑하려면 먼저 내가 나를 이해하고 포용하고 사랑해야 합니다[仁]. 내가 나를 이해하지 못하면 많은 게 흐트러지고 견고하지 못하게 됩니다. 나의 현 위치를 파악하고 생각과 목표와 꿈을 설정해야 합니다. 내 꿈이 있어야 남의 꿈을 이해하고 포용하게 됩니다. 내 생각이 반듯해야 남의 생각을 이해하고 포용하게 됩니다. 내가 불안하면 남을 볼 겨를이 없어집니다. 나의 미래가 안개 속이면 남의 미래와 함께하기가 어렵습니다. 내가 나를 알아야 제대로 일어설 수 있습니다[知]. 내가 먼저 의로운 사람이 되어야 견고하게 일어설 수 있습니다[義]. 내가 나를 신뢰할 수 있어야 일어설 수 있습니다[信].

그러니 덕은 나를 세우는 도구입니다. 덕은 먼 옛날 공자 왈 맹자 왈 시대에나 필요했던 낡은 도구가 아닌 것 같습니다.

가정이 일어서기 위해서는 덕이 필요합니다.

가정의 시작은 부부입니다. 부부가 건강하고 서로 사랑한다면 못 할 일이 없습니다. 돈이 없어도, 일이 힘들어도, 고부간의 갈등이 있어도 모두 이겨 낼 수 있습니다. 부부가 사랑으로 합심하면 못 할 일이 없기에 돈은 그리 큰 문제가 아닙니다. 부부가 사랑으로 서로 격려해 준다면 어떤 힘든 일도 이겨 낼 수 있기에 일은 그리 큰 문제가 아닙니다. 부부간의 사랑이 견고하다면 고부간의 갈등도 결국에는 무너질 것이기에 그렇습니다.

자식 사랑은 자(慈)입니다. 아주 특수한 경우를 제외한다면 자식 사랑을 염려할 가정은 거의 없습니다. 부모가 자식을 사랑하는 인자(仁慈)한 사랑은 내리사랑입니다. 누가 시키지 않아도 내려가는 사랑입니다. 어린 자식에게 사랑도 주지 않고 늙어서 효도를 바란다면 이는 정말 염치없는 태도입니다. 어떤 사정이 있어도 자식은 부모의 사랑을 기반으로 성장해야 합니다. 그게 바로 부모가 지켜야 할 덕입니다.

부모 사랑은 효(孝)입니다. 효는 지나간 낡은 껍데기가 아닙니다. 효는 부자연스러운 낡은 유산이 아닙니다. 부모는 늘 자식이 아프지 않을지를 생각합니다. 그러니 자식도 최소한 부모님이 늘 아프지 않을지를 염려해야 합니다. 그것이 효의 시작입니다. 그 누구도 부모의 인자한 사랑을 받지 않고 자란 아이는 없습니다. 빈부의 차이는 있을지언정 사랑의 차이는 없었을 것입니다. 효는 사랑받고 자란 자식이 가져야 할 최소한의 덕이 아닐 수 없습니다.

조직이 일어서기 위해서는 덕이 필요합니다.

공자는 예(禮)를 알지 못하면 일어설 수 없다고 했습니다. 말을 알(知)지 못하면 사람을 알 수 없다고 했습니다. 사람이 믿음(信)이 없으면 일어설 수 없다고 했습니다. 일에는 충(忠)이 제일이라 했습니다.

사람과 사람으로 구성된 조직이 삐걱거리지 않고 원활하게 돌아갈 수 있는 이유는 수많은 배려가 있기 때문입니다. 상하 간의 배려, 동료 간의 배려, 부서 간의 배려, 임원과 직원 간의 섬세한 배려가 있기에 가능한 일입니다. 그 배려가 바로 예입니다. 서로 배려하는 기준이 어긋나지 않기 때문입니다.

서로를 잘 알아야 적절히 배려할 수 있습니다. 부하는 상사를 상사는 부하를 잘 알며, 동료는 동료를, 부서는 상대 부서를, 경영진은 직원을, 직원은 경영진을 잘 알아야 배려가 원활해집니다. 배려가 믿음입니다. 서로 믿지 못하면 배려가 어렵기 때문입니다. 자기 직분에 충실할 때 배려가 시작됩니다. 사장은 사장의 직분에, 직원은 직원의 직분에 충실히 임할 때 서로 삐걱거리지 않는, 서로가 편하고 서로에게 유리한 예가 시작됩니다.

돈 많고 잘난 사람이 사람을 모이게 할 수는 있지만, 인품과 덕이 있는 사람이 사람들을 끝까지 남게 할 수 있습니다. 한비자의 서슬 시퍼런 법술이 경영에 필요할 때도 있지만, 사람 경영의 기본은 인품과 덕을 기준으로 삼아야 합니다. 사람이 있어 없는 덕이 만들어지는 것이 아니라 덕 있는 사람 곁으로 사람들이 모여드는 것입니다.

서
恕

내가 하기 싫은 일은
남도 하기 싫다

우리는 타인의 도움 없이 살아갈 수 없습니다. 점심 한 끼에도 수많은 사람의 협업이 담겨 있습니다. 쌀을 생산하는 농부의 수고와 음식을 만드는 주방장의 노력은 기본입니다. 생선을 잡는 어민의 땀방울과 산나물을 채집하고 공급하는 사람, 유통을 담당하는 운전기사, 시장 상인, 조리 기구를 만드는 기술자, 농기구를 만들고 공급하는 기술자, 농민과 어민과 상인을 행정적으로 지원하는 공무원, 은행원, 의사, 엔지니어가 필요하고 농촌이 필요하고 어촌이 필요하고 국방을 담당하는 군인, 금융인, 정치인, 경제인… 그야말로 국가의 모든 사람이 저 점심 한 끼에 관련됩니다. 그들의 도움 없이는 밥 한 끼도 제대로 때울 수 없습니다.

1만 원짜리 한 장이면 이 모든 일이 해결되는 것처럼 보이지만 사실은 그보다 훨씬 많은 사람의 노력이 숨어 있습니다.

다른 사람의 도움을 받으려면 다른 사람의 마음을 알아야 편합니다. 남편은 아내의 마음을 알아야 삶이 더 부드러워집니다. 아내도 마찬가지입니다. 부모와 자식 간에도 형제자매 간에도 마찬가지입니다. 상사와 부하 간에도 스승과 제자 간에도 마찬가지입니다. 친구 간에도 고객 간에도 그렇습니다. 그 어떤 관계에서든 그와 함께 평화롭게 살고 싶다면 그 사람의 마음을 알아야 합니다.

그런데 사람의 마음을 안다는 건 매우 어려운 일입니다. 지난 수천 년 동안 그 문제를 많은 현인이 고민했지만 쉽게 해결되지 않고 있습니다. 그래서 종교의 창시자들은 사랑과 자비와 인으로써 해결하고자 했습니다. 많은 철학자는 치밀한 철학의 힘으로 그 문제를 풀어 보고자 했습니다.

하지만 지금도 가족 간의 불화와 갈등과 싸움이 사라지지 않고 있습니다. 지역 간의 갈등과 투쟁이 줄어들지 않고 있습니다. 국가 간의 전쟁과 싸움이 끝없이 일어나고 있습니다. 부부간에도 형제간에도 가정에서도 학교에서도 기업에서도 직장에서도 교회에서도 절에서도 시기와 갈등과 싸움은 줄어들 줄을 모릅니다.

자공이 물었다.

바르게 사는 사람으로서 평생 가져야 할 한마디 말이 있다면 그것은 무엇입니까?

공자께서 말씀하셨다.

그것은 서라는 말이다. 내가 하고 싶지 않은 바를 다른 사람에게 시키지 않는 것이다.

子貢問日 有一言而可以終身行之者乎 子曰 其恕乎 己所不欲勿施於人

자공문왈 유일언이가이종신행지자호 자왈 기서호 기소불욕물시어인

《논어》 〈위령공〉 23장

바르고 성실하게 살아가려 노력하는 사람에게 평생 필요한 한 글자가 있다면 그것은 어떤 글자인지를 물었습니다. 제자인 자공이 단도직입적으로 딱 한 글자만 알려 달라고 했을 때 공자의 대답은 바로 '서(恕)'였습니다.

서는 용서(容恕)라는 말입니다. 용서는 恕를 容, '받아들인다, 담는다'는 의미입니다. 恕는 如(같을 여)와 心(마음 심)이 더해진 글자로 '같은 마음'입니다. 그러니 누군가를 용서한다는 것은 그의 마음과 나의 마음이 같아지는 것입니다. 서로의 마음이 같아지려면 서로 상대의 입장에 서야 합니다. 용서하는 사람은 용서

받는 사람의 입장이, 용서받는 사람은 용서하는 사람의 입장이 되어야 가능합니다.

상대의 입장에 서려면 '己所不欲勿施於人(기소불욕물시어인)'이 되어야 합니다. 己所不欲, 내가 하고 싶지 않은 바를 勿施於人, 다른 사람에게 베풀지 말아야 합니다.

이를 쉽게 풀면 아주 간단합니다. 내가 욕 듣기 싫으면 내가 먼저 욕하지 않으면 됩니다. 다른 사람이 내게 짜증 내는 것이 싫으면 내가 먼저 다른 사람에게 짜증 내지 않으면 됩니다. 거만한 사람의 모습이 싫으면 내가 먼저 다른 사람에게 거만 떨지 않으면 됩니다. 이게 바로 己所不欲勿施於人입니다. 내가 하고 싶지 않은 바를 다른 사람에게 하지 않는 것입니다. 이게 바로 서입니다.

그런데 이게 여간 어려운 일이 아닙니다. 이게 쉬운 일이라면 己所不欲勿施於人의 《논어》 어구는 이미 오래전에 사라졌을 것입니다. 많은 사람이 욕하지 않고 짜증 내지 않고 거만하지 않다면 공자께서 굳이 이 서를 말할 필요가 없기 때문입니다. 그런데 2,500년 전 사람들도 1,000년 전 사람들도 지금 사람들도 자기는 욕 듣는 것을 싫어하면서도 다른 사람에게는 욕을 하고 있기에 서의 정신이 필요한 것입니다. 어쩌면 이는 사람들이 세상에 존재하는 한 영원히 사라지지 않을 숙제이기도 합니다.

사람은 홀로 태어나 함께 살다 홀로 죽어 가는 존재입니다. 처음과 끝은 혼자지만 우리의 삶은 혼자가 아닙니다. 처음에는 부모 자식의 연으로, 결혼하면 부부의 연으로, 학교에서는 스승과 제자의 연으로, 직장에서는 팀장과 팀원의 연으로, 시장에서는 상인과 고객의 연으로, 비행기를 타면 기장과 손님의 연으로, 극장에 가면 배우와 관객의 연으로, 군인이 되면 일병과 이병의 연으로 만납니다.

관계의 기본은 어디서나 두 사람입니다. 부모와 자식도, 형과 동생도, 언니와 동생도, 할머니와 손주도, 스승과 제자도, 팀장과 팀원도, 선장과 선원도, 상인과 손님도, 배우와 관객도, 상사와 부하도, 대부분의 관계는 늘 두 사람이 기본입니다.

행복한 관계도 불행한 관계도 두 사람 사이에서 시작되고 마무리됩니다. 두 사람이 웃으면 세상은 따뜻해지고 두 사람이 찡그리면 세상은 차가워집니다. 그것을 공자께서는 인이라고 했습니다. 인은 두 사람 간의 문제를 다루고 있습니다. 두 사람이 모였을 때 서로 사랑하고 서로 이해하고 서로 양보하고 서로 격려하면서 살아갈 수 있는 어진 마음이 바로 인입니다. 남을 사랑하고 어질게 행동하는 것을 인한 마음, 인한 행동이라 합니다. 그 두 사람이 가족으로 만나든, 친구로 만나든, 조직에서 상사와 부하로 만나든, 갑과 을로 만나든, 스승과 제자로 만나든, 상인과 손님으로 만나든 그렇습니다.

그러므로 서는 인을 이루는 기술이자 방법입니다. 수천 년 동안 알려진 공공연한 비밀이자 비법입니다. 그것은 공자님이나 예수님이나 부처님이나 크게 다르지 않습니다. '당신이 대접받고 싶은 대로 상대를 대접하라'는 성경의 가르침이나 '상대를 가엽게 여겨 자비를 베풀라'는 불경의 가르침이나 별반 다르지 않습니다.

두 사람이 모두 인하면 세상은 극락이 되고 천국이 됩니다. 둘 중에 한 사람만이라도 인하면 세상은 살 만한 세상이 됩니다. 두 사람 모두가 불인(不仁)하면 세상은 머지않아 지옥이 됩니다. 한 사람을 용서하는 것이 얼마나 어려운 일이면 세상을 떠나는 날에도 용서하지 못하고 용서를 못 받는 경우가 있습니다. 어떤 사람은 노인이 되어서야 가까스로 용서합니다. 어떤 사람은 마음에 상처를 받은 지 10년이 되어서야 용서합니다.

나와 상대의 입장을 바꾸어 본다는 것

공자의 제자 중에는 스승으로부터 누가 가장 어진 사람으로 인정받았을까요? 그는 바로 안회라는 제자였습니다.

공자께서 말씀하셨다.
안회는 그 마음이 3개월 동안 인을 떠나지 않았지만 그 나머지 제자들은 하루나 한 달에 한 번 인에 이를 뿐이다.

子曰 回也 其心三月不違仁 其餘則日月至焉而已矣

자왈 회야 기심삼월불위인 기여즉일월지언이이의

《논어》〈옹야〉5장

공자의 기라성 같은 제자들에게도 인의 실천은 어려운 과제였습니다. 3개월 동안 어진 행동을 1번 정도 실행하기도 쉽지 않았다고 하는 스승의 지적을 보면 그렇습니다. 하지만 안회는 달랐습니다. 공자의 특급 수석 제자였던 안회는 매일 인을 실천하면서 살았습니다. 간혹 아주 간혹 3개월에 단 하루 정도 인에서 벗어나는 행동을 할 뿐이었습니다.

한번은 공자의 다섯 손가락 안에 들어가는 제자로 알려진 자공이 공자에게 말했습니다.

"저는 남이 저에게 하지 않았으면 하는 일을 저 역시 남에게 하지 않고자 합니다."

바로 인을 말한 것이지요. 저는 남에게 욕 듣는 게 싫기에 저도 남에게 욕하지 않겠다고 자신 있게 말하는 제자에게 공자께서는 이렇게 말했습니다.

공자께서 말씀하셨다.

자공아, 그것은 네가 할 수 있는 일이 아니다.

子曰 賜也 非爾所及也

자왈 사야 비이소급야

《논어》〈공야장〉 11장

손가락 안에 꼽히는 우수한 제자들도 남을 이해하고 남의 처지에서 생각하는 역지사지(易地思之)의 어려움을 말하고 있습니다.

나에게 피해를 준 누군가를 용서한다는 것은 말처럼 쉬운 일이 절대로 아닙니다. 나를 무시한 가족이나 친구를 용서한다는 것은 더욱 어려운 일입니다. 아는 사람일수록 가까운 사람일수록 용서하기가 더 어렵다는 것을 당해 보면 누구나 절감합니다. 어쩌면 평생을 두고 용서하지 못할 수도 있습니다. 그토록 쉽지 않은 일이지요.

그러니 우리가 공자의 특급 수석 제자였던 안회에게 우리의 인을 비교하기보다 다른 제자들과 비교해 보는 게 더 현실적일 수 있습니다. 근거리에서 공자를 가까이한 제자들도 3개월에 단 한 번 정도 인을 실천할 정도로 인의 실천이 어려웠다면 지금의 우리는 인의 실천이 얼마나 어렵겠습니까?

그러니 반년에 한 번이라도, 아니 1년에 한 번이라도 우리가 인을 실천할 수 있다면 이는 대단한 일이 아닐 수 없습니다. 정말 쉽지 않지만 용서하기 어려운 일을 용서해 준다면, 아니 정말 용서받기 어려운 일을 상대로부터 용서받는 일이 실제로 일어난다면 세상이 얼마나 아름다워 보일까요. 얼마나 평온해 보일까요. 지금이 아니라면 3개월 후, 1년 후, 아니 2년 후라도 서로 용서하고 이해해 줄 수 있다면 얼마나 좋을까요. 용서가 어려운 일이지만 이를 끝내 포기하고 싶지는 않습니다.

과이불개
過而不改

현명한 사람은 같은 잘못을
반복하지 않는다

    페이스북이나 인스타그램을 볼 때마다 '다른 사람들은 옷을 너무 잘 입는다'는 생각, '다른 사람들은 사진을 너무 잘 찍는다'는 느낌, '왜 나는 비슷한 옷을 입어도 태가 나질 않을까', '왜 나는 비슷한 장소에서 사진을 찍어도 흡족하지 않을까' 그런 비교를 합니다. 나이가 들어서, 키가 작아서, 머리숱이 적어서 그러려니 생각하지만 왠지 좀 아쉽기도 억울하기도 합니다. 저와 비슷한 연배로 시니어 모델 활동을 시작한 지인의 활동상을 볼 때마다 부럽기만 합니다.

    옷장에 봄가을, 겨울, 여름 옷이 없지도 않은데 막상 나갈 때마다 입고 나갈 옷이 변변치 않아 옷장 앞을 떠나지 못하는 시간이 늘어납니다. 먹어 가는 나이를 잡을 수도 없고 넓어지는 이마를 멈출 수도 없기에 옷이라도 잘 입으면 조금이라도 보완되지 않을까 노심초사하지만 매번 마찬가지입니다. 그러는 모습이 안타까워 아내는 자주 저를 아웃렛이나 백화점으로 끌고 갑니다만 저의 고집에 그저 그런 옷을 사 들고 돌아오곤 합니다. 그리곤 며칠이 지나면 또 마음속으로 옷 타령을 합니다.

드디어 최근에 크게 결심하고 코디 전문가를 찾아갔습니다. 비용을 들여서라도 전문가의 도움을 받기로 했습니다. 부모가 자식을 가르치기 어려운 것은 부모의 실력이 부족해서가 아니라 다른 요인이 있다는 걸 잘 알기에 외부의 선생을 찾는 것입니다. 성인이 되어도 마찬가지라는 것을 브랜딩 코디 전문가를 만나고 새삼 알게 되었습니다.

나중에 보니 그간 아내가 골라 주던 옷이나 코디가 골라 주는 옷이나 크게 다르지 않았습니다. 문제는 그간 아내가 골라 주던 옷을 사지 않고 내가 내 고집대로 옷을 샀다는 것입니다. 아무리 아내와 함께 쇼핑해도 보는 이의 시각이 아니라 입는 이의 마음으로 옷을 샀던 것입니다.

그간 저는 저의 패션 감각이 좋은 줄만 알고 있었습니다. 그런데 옷장 앞에만 서면 작아지는 이유를 잘 몰랐습니다. 이유는 간단했습니다. 코디가 골라 준 옷을 샀더니 위아래 매칭이 잘되어 결국 마음이 흡족했습니다. 처음부터 아내의 말을 잘 들었더라면, 내가 고집만 피우지 않았더라면 같은 돈을 들이더라도 매번 옷장 앞에서 고민하지 않았을 것을 생각하니 결국 제 고집이 저를 옭아매었음을 인정하지 않을 수 없었습니다.

얼마 전 30대 중반의 딸로부터 모자를 하나 선물받았습니다. 모자 쓰는 방법도 함께 알려 주었습니다. 평소 제가 모자 쓴 모습을 보면 모자를 머리 위에 살짝 올려놓은 듯한 인상을 많이 받았다면서 모자를 제발 꾹 눌러쓰라는 요청을 받았습니다. 사실 저는 모자를 눌러쓰면 머리카락이 눌려 살짝 써 왔는데 그게 보기 좋지 않나 봅니다. 그러니 바람이 좀 강하게 부는 날에는 가볍게 쓴 모자가 날아가는 경우도 종종 있었습니다. 딸아이가 모자 쓰는 시범을 보여 주길래 그대로 따라 깊숙하게 써 보니 한결 나아 보였습니다.

그동안 모자는 햇빛 가리는 용도로만 쓰고 다녔는데 모자를 깊숙이 쓰고 보니 모자가 패션이 되는 매직을 발견했습니다. 참으로 수십 년 만에 느끼는 색다른 느낌이었습니다. 아니 생애 처음으로 느끼는 신선함이었습니다. 중학교, 고등학교, 군대에서 모자를 쓰고, 여름이다 겨울이다 모자를 수도 없이 쓰고 다녔음에도 '모자를 깊숙이 썼을 뿐인데' 모자에 대한 인식이 바뀔 정도로 모자가 멋져 보였습니다. 딸아이의 말을 들으니 좋은 일이 벌어졌습니다. 그간 아내가 모자를 좀 깊숙하게 쓰라는 말을 할 때마다 그저 단순한 잔소리로만 들려 내 고집대로 했는데, 그동안 제 고집이 저를 옭아매었음을 인정하지 않을 수 없었습니다.

사람은 누구나 불완전한 존재입니다. 정신적으로나 신체적으로 완벽한 존재가 아닙니다. 그러니 누구나 실수하고 누구나 잘못을 저지르면서 살아갑니다. 어린이나 성인이나, 이 나라 사람이나 저 나라 사람이나, 옛날 사람이나 요즘 사람이나 미래 사람이나 다 비슷합니다. 알면서도 모르면서도 실수를 합니다. 그래서 실수 많은 인간이 완벽한 신을 만들었는지도 모릅니다.

어제의 실수를 오늘 또 반복하고 뉘우치기를 또 반복하면서 살아갑니다. 어떤 사람은 운동에, 어떤 사람은 먹는 음식에, 어떤 사람은 술에, 어떤 사람은 마약에, 어떤 사람은 날카로운 말로써, 어떤 사람은 약속을 어김으로써, 어제와 같은 오늘을 살아갑니다. 그러면서 타인을 탓합니다. 외부 환경을 탓합니다. 어제와 같은 오늘을 탓합니다. 희망 없는 내일을 탓합니다. 자세히 보면 그게 바로 내 모습이고 그게 바로 우리의 모습일 수 있습니다. 2,500년 전 사람들도 마찬가지였습니다.

공자께서 말씀하셨다.

잘못을 저지르고도 고치지 않는다면 이것이 바로 잘못이다.

子曰 過而不改 是謂過矣

자왈 과이불개 시위과의

《논어》〈위령공〉 29장

몰라서 하는 실수는 피하기 어렵지만 문제는 알면서도 하는 실수와 잘못입니다. 그것을 공자께서 지적한 것입니다. 처음 하는 일은 누구나 잘못할 수 있음을 공자께서도 인정했습니다. 물론 처음부터 실수나 잘못을 하지 않는다면 이보다 좋을 수는 없겠지만 그것은 쉬운 일이 아니기 때문입니다.

문제는 잘못을 저지르고도 고치지 않는 데 있습니다. 고치지 않는 것인지 고치지 못하는 것인지 모르지만 결과는 같습니다. 실수나 잘못이 반복된다면 그것이 진짜 잘못입니다. 사람은 실수하는 존재이기도 하지만 실수를 고치는 존재이기도 합니다. 그것을 고치지 못했다면 원숭이와 인간은 지금도 똑같은 곳에서 똑같이 살고 있었을 것입니다.

같은 실수를 반복하지 않는 것은 모두에게 필요한 일이지만 리더에게는 더욱 긴요한 일입니다. 개인은 개인의 문제로 끝날 수도 있지만 리더는 리더 한 사람의 문제로 끝나지 않기 때문입니다. 가장이 실수를 반복한다면 가정과 가족이 불행해집니다. 과장이 실수를 반복한다면 과원이 불행해지며, 팀장이 같은 실수를 반복한다면 팀장은 물론 팀원들이 불행해집니다. 사장이 같은 실수를 반복한다면 회사의 운명은 물론 사원 모두가 불행해집니다. 도지사가 잘못을 저지르고도 고치지 않는다면 본인은 물론 수백만 도민의 삶이 불행해집니다. 대통령이 잘못을 저지르고도 고치지 않는다면 국민 모두의 삶이 불행해집니다.

오늘보다 더 나은
내일을 살 수 있는 법

춘추 전국 시대 유학자였던 순자가 쓴 《순자》라는 책의 첫 번째 문장에 "푸른 물감은 쪽 풀에서 취하지만 쪽 풀보다 더 푸르고, 얼음은 물로 이루어졌지만 물보다 더 차갑다"라는 말이 나옵니다. 스승보다 더 나은 제자를 가리켜 칭할 때 우리는 보통 '청출어람(靑出於藍)'이라는 말을 씁니다. 상사보다 더 나은 부하를 말하거나 선배보다 더 나은 후배를 가리킬 때도 마찬가지입니다.

군자는 말한다.
학문은 하지 않을 수가 없는 것이다. 푸른 물감은 쪽 풀에서 취하지만 쪽 풀보다 더 푸르고, 얼음은 물로 이루어졌지만 물보다 더 차다.
君子曰 學不可以已 靑取之於藍 而靑於藍 冰水爲之 而寒於水

군자왈 학불가이이 청취지어람 이청어람 빙수위지 이한
어수

《순자》〈권학〉 제1장

순자는 학문의 중요성을 강조하기 위해 '청출어람'이라는 말을
했습니다. 스승보다 더 나은 제자가 나올 수 있다는 희망과 목표
를 가지고 열심히 하면 반드시 그렇게 될 수 있다는 의미입니다.
그런데 이 청출어람은 학문에만 적용되는 게 아닙니다. 우리의
일상 어디에도 적용해 볼 수 있습니다. 가령 우리의 인생도 마찬
가지입니다. 인생 전반전보다 더 빛나는 인생 후반전을 만들 수
있다면 이를 인생의 청출어람이라고 할 수 있을 것입니다.

인생의 청출어람, 이는 누구나 바라는 마음일 것입니다. 힘들
게 인생 전반을 보낸 사람이 편안한 인생 후반을 보낼 수 있다
면, 가난하게 인생 전반을 보낸 사람이 풍요로운 인생 후반을 보
낼 수 있다면, 외로움 속에서 인생 전반을 보낸 사람이 여러 사람
속에서 인생 후반을 보낼 수 있다면, 인생의 의미를 모른 채 인생
전반을 보낸 사람이 깊은 인생의 의미를 느끼며 인생 후반을 보
낼 수 있다면, 도움받으며 인생 전반을 보낸 사람이 도움 주면서
인생 후반을 보낼 수 있다면 이보다 더 행복한 인생은 없을 것입
니다. 이보다 더 멋진 인생은 없을 것입니다.

인생의 청출어람을 위해 해야 할 분명한 일이 있다고 하면 그

것은 바로 과이불개(過而不改)입니다. 같은 실수를 반복하지 않는 것입니다. 자신도 모르게 저질렀던 인생 전반의 실수를 인생 후반에는 반복하지 말아야 합니다. 아리스토텔레스도 탁월함은 하나의 사건이 아니라 습관에서 만들어진다고 했습니다. 우리가 반복적으로 행하는 행위의 축적이 바로 우리 자신이기 때문입니다. 그 반복이 시작이 과이불개여야 합니다. 잘하는 일은 계속 반복하면서 잘못은 반복하지 않는 기술, 그게 바로 더 멋진 인생의 청출어람을 만드는 비법일 것입니다.

본립이도생
本立而道生

기본이 서야
길이 보인다

송나라 유학자 정이천에 의하면 《논어》는 공자의 제자인 유자와 증자를 중심으로 완성되었다고 합니다. 이를 증명이라도 하듯 《논어》의 두 번째 문장이 바로 유자의 말로 시작됩니다. 유자는 이름이 약입니다. 노나라 사람으로 공자보다 43세가 적었습니다. 인품이 강직하고 아는 것이 많았으며 공자와 생김새가 많이 닮았다고 전해집니다.

유자가 말했다.

그 사람됨이 효도하고 우애하면서 윗사람을 범하기 좋아하

는 경우는 드물다. 윗사람 범하기를 좋아하지 않는데 그런
사람이 난을 일으키기 좋아하는 경우는 일찍이 없었다. 군
자는 근본에 힘써야 하니 근본이 서야 도가 생긴다. 효도와
우애는 인을 행하는 근본이리라.

有子曰 其爲人也孝弟而好犯上者 鮮矣 不好犯上而好作亂者
未之有也 君子務本 本立而道生 孝弟也者 其爲仁之本與

유자왈 기위인야효제이호범상자 선의 불호범상이호작란자
미지유야 군자무본 본립이도생 효제야자 기위인지본어

《논어》 〈학이〉 2장

긴 문장으로 말했지만 요약하면 '부모에게 효도하고 형제자매
간에 우애로운 것이 인의 실천'이라는 의미입니다. 어찌 보면 너
무 당연한 말을 어렵게 한 것 같습니다. 한 번 더 유자의 말을 구
어체로 옮겨 보겠습니다.

'사람들이 스승님의 인을 행하기가 어렵다고들 하시는데, 인
은 결코 어렵거나 멀리 있는 것이 아니라고 생각합니다. 인이 어
떤 특별한 것이라기보다는 부모님께 효도하고 형제들과 우애롭
게 지내는 것을 말함입니다. 제가 알기로 무릇 그 사람 됨됨이가
부모에게 효도하고 동생을 사랑하며 형에게 공경하는 사람치고
윗사람을 범하는 경우는 거의 없습니다.

윗사람에게 함부로 하지 않는 사람이 국가나 조직에서 난을 일으키는 경우를 저는 지금껏 본 적이 없습니다. 그러니 앞서가는 군자나 리더를 꿈꾼다면 우리는 기본에 충실해야 합니다. 기본이나 근본이 서야 인생의 길이 생기기 때문입니다. 그러니 이 효도와 우애를 인의 근본이라 말할 수 있을 것입니다.'

유자가 효제와 인을 말하고 있습니다. 부모에 효도하고 형제자매간에 우애롭게 지내는 게 효제입니다. 인은 두 사람이 모였을 때 서로 이해하고 격려하며 존중하고 사랑하면서 살아갈 수 있게 만드는 마음입니다. 인이 두 사람 간의 관계라고 본다면 이 효제는 두 사람 간의 대표적인 관계를 말하고 있습니다.

효는 나와 부모 간의 문제입니다. 제는 나와 형제자매 간의 문제입니다. 곰곰이 생각해 보면 세상에 이보다 더 친밀하고 가까운 관계는 없습니다. 세상에 이보다 더 중요한 문제는 없습니다. 우리가 단 1, 2분도 숨을 참지 못하면서 공기의 중요성을 잊고 사는 것처럼 우리 대부분은 부모와 형제자매의 중요성을 잊고 삽니다. 그 기본을 잊지 말자고 유자가 지적한 것입니다. 이 기본을 잊지 않는 것이 평화로운 가정과 사랑이 넘치는 가정을 만드는 기반이 되기 때문입니다.

그런데 현실은 달랐습니다. 전쟁과 무도함이 판치는 춘추 시대의 상황은 유학자들의 희망과는 반대로 치달았습니다. 어쩌면 당시 현실은 여기에 더 가까웠을 것입니다.

'그 사람됨이 불효하고 형제간에 우애롭지 못한 사람들은 윗사람을 범하기 좋아하는데 그로 인해 세상이 이렇게 혼탁하게 되었습니다. 또한 윗사람 범하기를 좋아하는 사람은 난을 일으키기 좋아하는데 이로 인해 단 하루도 평화로운 날이 없습니다. 군자는 근본에 힘써야 하는데 그렇지 못하니 근본이 무너지고 무도한 세상이 되었습니다. 효도와 우애는 인을 행하는 근본이건만 이를 어찌 복원한다는 말입니까.'

그러니 유자가 이렇게 사람들을 설득하고 있는 것입니다. 공자께서 그토록 중시했던 인의 실천이 멀리 있는 게 아니라 아주 가까이에 있음을 설명하고 있습니다.

주는 만큼 받고 받는 만큼 주는
세상사의 기준

2,500년이 지난 지금도 역시 사정은 크게 좋아지지 않았습니다. 아직도 많은 가정에서 부모와 자식 간의 사이가 좁혀지지 않고 있습니다. 형제간의 사이가, 자매간의 사이가 좁혀지지 않고 있습니다. 어떤 집안은 유산 때문에, 어떤 집안은 병든 부모를 모시는 일 때문에, 어떤 집안은 부부간의 불화 때문에, 어떤 집안은

아이들의 성화 때문에, 어떤 집안은 경제적인 문제로, 어떤 집안은 성격의 차이로, 어떤 집안은 가장의 무능함에, 어떤 집안은 배우자의 외도 때문에 집안이 흔들리고 있습니다.

혼자 먹고살기도 어려운데 고향에 계신 부모님을 생각할 여유가 없다는 이유로, 직장의 불안정으로 앞날 계획하기도 어려운데 형제자매까지 생각할 여유가 없다는 이유로, 부모는 부모대로 형제는 형제대로 자매는 자매대로 바다 위 섬처럼 흩어져 살아가고 있습니다.

그렇게 시간이 지나가면 갈수록 거리는 더 멀어지고 삶은 삭막해집니다. 어려움이 생기고 고민이 쌓여도, 가까운 이에게 위안을 받고 싶어도, 전화할 곳도 찾아갈 곳도 사라지게 됩니다. 더 시간이 지나면 아이가 그것을 따라 합니다. 가르치지도 않았는데 부모인 나를 멀리하고 가르치지도 않았는데 많지도 않은 형제자매간에 싸움이 끊이질 않습니다. 친구들 간의 관계도 왠지 부자연스러워집니다.

그러니 무조건 효도하고 무조건 우애하라는 말은 옳지 않습니다. 부모라는 이유만으로 자식에게 효도를 요구하거나 형이라는 이유만으로 동생의 공경을 당연시하는 것은 공감하기 어렵습니다. 매일 화내고 때리는 냉정한 부모에게 어떻게 효도할 감정이 생길 수 있겠습니까? 매일 강압적으로 행동하는 형에게 어떻게 우애가 생길 수 있겠습니까?

효도와 우애는 자식이나 동생의 역할도 중요하지만 부모나 형의 역할도 그에 못지않게 중요합니다. 부모가 자식에게 자애와 사랑을 베풀면 자식도 자연스럽게 효도로 보답하게 되고, 형이나 누나가 동생에게 잘해 주면 동생도 형과 누나를 사랑하게 됩니다. 단순히 나이가 많다는 이유로 권위를 행사하는 것은 올바르지 않습니다. 진정한 사랑과 모범을 보여야 합니다. 그러므로 부모와 형의 역할이 어렵고도 중요한 것입니다.

이것은 조직에서도 마찬가지입니다. 팀장이라는 이유만으로 존경받아야 한다고 생각하는 것은 오산입니다. 팀원들에게 귀한 도움과 가르침을 주었기 때문에 존경받는 것입니다. 팀원을 존중하고 인정해 주면 그 존중과 인정을 되돌려받게 됩니다. 반대로 팀원을 무시하고 냉정하게 대하면 그 무시와 냉정함을 되돌려받게 됩니다.

자세히 보면 세상에 거래가 아닌 것이 거의 없습니다. 주는 만큼 받고 받는 만큼 주는 것이 세상의 보편적인 기준입니다. 회사의 월급도, 상사의 존경도, 부모에 대한 효도도, 형제간의 사랑도 모두 마찬가지입니다.

그러니 여기서도 역지사지입니다. 서로 상대의 입장에 서 보는 게 필요합니다. 월급도 존경도 효도도 사랑도 마찬가지입니다. 역지사지하는 마음이 곧 인이고 효제입니다. 강제나 일방적인 주장으로는 좋은 결과를 얻기 어렵습니다. 그러니 언제나 역지사지의 마음으로 상대방을 대해야 합니다. 그런데 그게 그토록 어렵습니다. 그게 말처럼 쉬우면 2,500년 전이나 지금이나 이 문제로 이렇게 머리가 아프겠습니까?

걱정이 없어야 공부가 잘됩니다. 걱정이 없어야 일이 잘됩니다. 가족의 응원이 있어야 공부가 잘됩니다. 가족의 응원이 있어야 일이 잘됩니다. 매일 보는 부모의 격려가 우등생을 만들고 매일 보는 배우자의 격려가 행복하게 일하는 남편과 아내를 만듭니다.

그런데 응원과 격려는 일방적이지 않습니다. 그러니 부모는 자식에게 사랑을, 자식은 부모에게 효를 해야 하는 이유입니다. 형이 동생을 사랑으로 이끌어야 동생이 형을 우애롭게 따르게 됩니다. 가정에서는 그게 기본이 되어야 합니다. 그래야 밖에서도 길이 제대로 보입니다. 안에서 새는 바가지로는 밖에서 물 한 모금 담기 어렵습니다. 가족의 응원과 사랑이라는 견고한 바탕이 있어야 비로소 세상에서 도약할 수 있습니다.

세상에 기본적인 일을 등한시하고 잘된 사람은 없습니다. 군자무본(君子務本)입니다. 군자는 기본에 충실한 사람입니다. 그런 사람이 성장하여 리더가 됩니다. 얼렁뚱땅 리더가 된 사람이 아예 없는 건 아니지만 그렇게 해서 오랫동안 유지하는 리더는 없습니다.

"그 사람됨이 효도하고 우애하면서 윗사람을 범하기 좋아하는 경우는 드물다. 윗사람 범하기를 좋아하지 않는데 그런 사람이 난을 일으키기 좋아하는 경우는 일찍이 없었다."

《논어》가 이를 오랫동안 증명해 오고 있습니다. 지난 2,500년을 내려오면서 많은 리더가 이를 검증했습니다. 지금도 많은 리더가 이를 보여 주고 있습니다. 그러니 우리 아이를, 우리 손자를 미래 세상의 리더로 만들고 싶다면 기본기 하나는 부모가 장착해 주어야 합니다.

부모에게 효도하고 형제자매간에 우애로운 사람이기를 먼저 배워야 합니다. 영어, 수학은 그다음입니다. 석사, 박사는 그다음입니다. 그러려면 부모가 먼저 모범을 보여야 합니다. 부모가 먼저 이 원칙을 이해해야 합니다. 그리고 실천하면 아이들은 말이 없어도 따라옵니다. 옆으로 걷는 게가 똑바로 걷기 위해서는 부모 게가 먼저 똑바로 걸어야 하는 이유입니다.

근자열
近者說

가까이 있는 사람을
기쁘게 하라

초나라를 방문한 공자에게 초나라 변방의 고위 관리였던 섭공이 정치에 관해 물었습니다. 공자의 대답은 간명했습니다. '가까이 있는 사람을 기쁘게 하고 멀리 있는 사람은 찾아오게 하는 것'이 좋은 정치라 답했습니다.

공자께서 말씀하셨다.
가까이 있는 사람은 기쁘게 하고 먼 곳의 사람은 찾아오게 하는 것이다.
子曰 近者說 遠者來

자왈 근자열 원자래

《논어》〈자로〉 16장

춘추 시대 백성들은 살기 좋은 지역을 찾아 국경을 넘어가며 비교적 쉽게 옮겨 다녔습니다. 특히 우수한 지식인이나 전략가들은 여러 나라를 돌아다니며 유세를 통해 등용되기를 갈구했습니다. 어떤 나라에서 실력 있는 인재를 등용한다는 소문이 돌면 천하의 인재들이 구름같이 몰려들기도 했습니다. 제후들은 그 인재를 등용하여 패권국이 되고자 했기에 섭공 역시 공자에게 그 길을 물었던 것입니다. 공자의 말은 가까이 있는 백성들을 잘 돌보아 그들의 삶이 풍족해지고 즐거워지면 이 소문을 들은 다른 나라 사람들이 찾아들어 나라는 점점 부강해진다는 뜻이었습니다.

변화의 시작은
나로부터

첫째, 행복한 개인을 위한 근자열

누구나 세상의 중심은 나 자신이기에 내가 기쁘면 내 주변도 밝아집니다. 내가 우울하면 내 주변도 어두워집니다. 그러니 내가 제외되면 세상은 아무런 의미가 없습니다. 나를 기쁘게 만드는 데는 두 가지 방법이 있습니다. 다른 사람이 나를 기쁘게 해 주거나 내가 나를 기쁘게 하는 방법입니다.

다른 사람이 나를 기쁘게 해 주는 데는 한계가 있습니다. 부모님처럼 끝없는 사랑과 지원을 해 주는 사람이 있거나 내가 그만한 힘을 발휘할 수 있는 재력이나 권력이 있어야만 가능하기 때문입니다. 주변에 무한한 사랑을 내게 줄 수 있는 사람은 거의 없습니다. 나를 낳아 준 부모조차도 무한정 자식을 기쁘게 해 줄 수는 없는 일입니다. 재력과 권력이 있어도 기쁘게 하는 데 한계가 있습니다. 영속되는 재력과 권력은 없기 때문입니다. 그러니 타인에 의한 기쁨과 행복은 분명 그 끝이 있습니다.

나를 기쁘게 하는 방법은 내가 그렇게 만드는 것입니다. 다른 사람에 의해 만들어진 기쁨은 그가 멈추면 나도 멈추어야 합니다. 그러니 나를 단단하게 만들어 놓아야 합니다. 내가 꽃이 되어야 합니다. 다른 사람들이 만들어 준 꽃이 아니라 스스로 피어나는 꽃이어야 합니다. 그래야 기쁨이라는 나비가 찾아옵니다. 그러려면 먼저 건강해야 합니다. 배워야 합니다. 믿음직한 사람이 되어야 합니다.

그렇게 스스로 단단한 사람이 되어 기쁨을 느낄 수 있다면 이제는 꽃에 나비가 찾아오듯 멀리에서 사람들이 찾아옵니다. 내가 필요한 사람들, 나와 함께하고 싶어 하는 사람들이 찾아옵니다. 내가 나약하고 준비되지 않고 신뢰할 수 없다면 사람들이 찾아오기는커녕 있는 사람마저도 떠나가는 것이지요.

둘째, 화목한 가정을 위한 근자열

가정이 화목해지려면 먼저 근자열이 되어야 합니다. 가까운 사람들부터 화목해야 합니다. 먼저 배우자와 화목해야 합니다. 부부가 화목하지 않으면 아이들에게 문제가 생깁니다. 부부가 화목하지 않으면 위로는 부모님과 옆으로는 형제자매와 아래로는 자식과 문제가 생깁니다. 남편이 화를 내면 아내가 불편해지고 아내가 화를 내면 남편 역시 불편해집니다. 누가 화를 내든 아이들은 몇 배 더 큰 스트레스를 받습니다. 화를 내며 출근하면 회사 일이 엉망이 됩니다.

남편이 아내를 기쁘게 하고 아내가 남편을 기쁘게 하면 집안에 화기가 돌고 아이들의 얼굴에 생기가 돕니다. 회사에 화기가 돌고 직원들의 얼굴에 생기가 돕니다. 가정의 근자열은 가족과 가정을 넘어 조직 생활과 사회생활에 지대한 영향을 끼칩니다. 행복한 가정이 행복한 직장을 만듭니다. 행복한 가정이 행복한 성공을 만들어 줍니다.

셋째, 조직의 발전을 위한 근자열

오픈된 자료를 보면 조직을 선택할 때 신입 직원은 성장 가능성, 안정성, 기업 문화를 중시한다고 합니다. 이들은 교육 프로그램과 장기적인 경력 개발 기회를 중요하게 생각하며 안정된 직장 생활을 희망하는 것으로 나타났습니다. 당연히 수평적이고 자유로운 기업 문화를 선호하면서 말이죠.

경력 직원은 더 나은 연봉과 승진 기회, 직무의 자율성을 통해 자신의 기여를 인정받기를 원하면서 전직과 이직을 하고 있습니다. 또한 가정과 일터의 조화를 중시하면서 회사의 명성과 업계 내 입지도 선택 기준으로 삼고 있습니다.

퇴직의 이유는 연봉과 성장 가능성에 방점이 있습니다. 퇴직률로만 보면 대기업은 낮고 중견 기업과 중소기업은 높은 편인데요. 대기업은 연봉, 안정성, 체계적인 교육이 강점이지만 과도한 업무 강도가 퇴직의 주요 이유가 됩니다. 반면 중견 기업과 중소기업은 연봉과 복지 혜택이 작고 조직 문화나 업무 환경이 기대에 못 미치며 교육 프로그램의 미비가 눈에 보이는 요인으로 밝혀졌습니다.

직장을 떠나게 하는 요인을 일과 사람으로만 한정해 본다면 이구동성으로 사람 때문이라고 합니다. 아무리 일이 쉽고 만만해도 함께하는 사람이 힘들면 그 일을 오랫동안 하기는 쉽지 않습니다. 특히 상사가 그런 사람이라면 이는 더 말할 이유가 없습니다. 역으로 아무리 일이 힘들고 어려워도 함께하는 사람이 좋으면 오랫동안 하기가 쉬워집니다. 어떤 일이든 오랫동안 하면 손에 익고 손에 익으면 점점 더 쉬워지기 때문입니다.

그러니 연봉만큼이나 중요한 문제가 바로 리더입니다. 리더와의 관계입니다. 리더의 소통 부족은 역할과 목표의 모호성을 키우고 불공정한 대우의 요인이 됩니다. 리더의 피드백 부족은 직원의 성과와 발전에 혼란을 줍니다. 권위적인 리더는 직원의 자율성과 창의성을 억압하는 요인이 되며, 리더의 무능 또한 직원에게 큰 스트레스를 줍니다.

사람들이 쌍수를 들고 오려고 하는 팀은 어떤 팀일까요? 취업 준비생들이 선호하는 기업이나 조직은 어떤 곳일까요? 그곳은 바로 조직 구성원을 기쁘게 해 주는 리더가 있는 곳입니다. 후배를 끌어 주고 가르쳐 주고 공정하게 대우해 주는 그런 곳입니다. 그런 회사는 소문을 내지 않아도 소문이 나게 되어 있습니다.

"가까이 있는 사람은 기쁘게 하고 먼 곳의 사람은 찾아오게 하는 것이다."

근자열 원자래입니다. 함께하는 사람들을 즐겁게 해 주면 가만히 있어도 멀리에서 사람들이 찾아옵니다. 직원들에게 대우를 잘해 주면 광고하지 않아도 인재들이 찾아옵니다. 직원이 행복한 가게는 소문 내지 않아도 손님들이 찾아옵니다. 가까이 있는 사람이 먼저입니다. 가족도 장사도 경영도 정치도 마찬가지입니다.

넷째, 더 강한 나라를 위한 근자열
위정자를 기쁘게 하는 정치는 정치가 아닌 독재입니다. 국민을 기쁘게 해야 정치다운 정치입니다. 자공이 바른 정치에 관하여 물었을 때 공자께서는 '족식(足食)' 풍족한 식량, '족병(足兵)' 풍족한 군비, '민신(民信)' 백성의 믿음이라 말한 적이 있습니다. (《논어》〈안연〉7장)

즉 정치의 요체는 먹고사는 의식주에 부족함이 없는 잘사는 나라, 적의 어떠한 공격도 막아 낼 수 있는 강한 나라, 위정자와 백성 간의 신뢰가 강한 나라를 만드는 일입니다. 이렇게 근자열이 되면 먼 곳에서도 사람들이 찾아오는 원자래가 되어 점점 더 강대국으로 발전하는 것입니다.

오늘날 미국이 그 좋은 예입니다. 미국은 희망과 꿈을 가지고 찾아온 이민자들의 나라이기 때문입니다. 초기 유럽의 개척자들은 종교적 자유와 새로운 삶을 꿈꾸며 미국을 찾았습니다. 이후의 산업화와 서부 개척 시대, 그리고 20세기 중반 이후 이민 물결은 미국을 더욱 강한 나라로 만들었습니다. 미국은 이민자들에게 경제적 기회와 자유, 세계적 수준의 교육을 제공하며 새로운 시작을 지원했습니다. 역으로 이민자들은 미국의 경제를 성장시키고 문화적 다양성을 불어넣어 미국 사회를 풍요롭게 했으며 새로운 아이디어와 혁신을 통해 젊고 역동적인 인구 구조를 유지하는 데 큰 역할을 했습니다. 이민자들의 꿈과 노력이 오늘의 미국을 만들었습니다.

무욕속
無欲速

너무 서두르면
원하는 바를 이루기 어렵다

자공이 자장과 자하를 가리키며 공자에게 질문했습니다.

"선생님, 저 두 후배 중에 누가 더 낫습니까?"

공자가 답했습니다.

"자장은 지나치고 자하는 미치지 못한다."

자공이 물었습니다.

"그럼 자장이 낫다는 건가요?"

공자가 답했습니다.

"아니다. 과유불급(過猶不及)이지."

자공이 자신보다 15세 정도 아래인 자장과 자하를 두고 공자께 질문한 것입니다. '누가 더 낫습니까?' 공자의 대답은 둘 다 '비슷하다'였습니다. '지나침은 미치지 못함과 같다'는 과유불급이라는 사자성어가 만들어지는 순간입니다.

자장이 정치에 관해 물었습니다. 공자께서는 "관직에 있을 때는 게으름이 없어야 하며 특히 공무를 수행할 때는 오로지 열성적인 마음인 충심으로 행하여야 한다"라고 말했습니다.

얼마 후 이번에는 자하가 정치에 관해 물었습니다. 이때 공자께서는 "빨리하려고 하지 말고 작은 이익을 보려고 하지 마라. 빨리하려고 하면 제대로 달성하지 못하니 무조건 빨리빨리 하려고만 하지 말고, 작은 이익을 보려 하면 큰일을 이루지 못하니 작은 이익을 보려고 하지 말라"라고 했습니다.

두 제자가 같은 정치를 물었음에도 공자의 대답이 달랐습니다. 그 이유는 간단합니다. 자장은 언제나 높은 것이 지나쳐서 어질지 못한 성격이고, 자하는 항상 작은 것에 가까이 머무는 성격이라 공자께서 각자에게 부족한 부분을 헤아려서 가르쳤기 때문입니다. 자장은 적극적이었으나 자기중심적이었고 자하는 소극적인 성격이었기에 각각 다르게 코칭한 것입니다.

앞으로 적극적으로 나서기보다는 뒤로 조금 물러서는 듯한 삶을 살았던 자하가 거보라는 지역의 관리가 되었을 때의 일화가 《논어》〈자로〉에 등장합니다.

　　자하가 거보라는 지역의 관리가 되었을 때 공자에게 정치에 관해 물었다. 이때 공자께서 말씀하셨다.
　　빨리하려고 하지 말고 작은 이익을 보려고 하지 마라. 빨리하려고 하면 달성하지 못하고 작은 이익을 보려 하면 큰일을 이루지 못한다.
　　子夏爲莒父宰 問政 子曰 無欲速 無見小利 欲速則不達 見小利則大事不成
　　자하위거보재 문정 자왈 무욕속 무견소리 욕속즉부달 건소리즉대사불성

《논어》〈자로〉17장

　　사마천《사기》의 〈열전〉 중 공자의 핵심 제자 72명의 행적이 기록된 〈중니제자열전〉에 따르면 자하의 나이는 공자보다 44년 아래였습니다. 자하는 고대 문헌과 시에 능통한 제자로 과유불급이라는 고사성어의 당사자이기도 합니다. 공자는 자하에게 군자유(君子儒)가 되어야지 소인유(小人儒)가 되어서는 안 된다고 가르쳤습니다. 공자가 죽자 자하는 서하 지역에 머무르며 가르침을 베풀면서 위 문후의 스승이 되었습니다. 자하는 아들이 죽

자 극도의 슬픔에 눈이 멀었다고도 합니다.

無欲速(무욕속)

빨리하려고만 하지 마라.

無見小利(무견소리)

작은 이익을 보려고 하지 마라.

欲速則不達(욕속즉부달)

빨리하려고 하면 달성하지 못하고

見小利則大事不成(견소리즉대사불성)

작은 이익을 보려 하면 큰일을 이루지 못한다.

어떤 일을 진행할 때 신속한 완결에만 신경을 쓰면 일의 완급과 절차가 혼란해져 도리어 제시간에 달성하기가 어려워집니다. 작은 이득에 치우치면 큰 것을 잃게 됩니다.

결과를 빨리 보려면 과정을 건너뛰든지 실력이 월등해야 합니다. 그만그만한 실력으로 대충 마무리하면 뒤탈은 이미 예정된 순서입니다. 실력이 탁월해도 기본적으로 시간이 필요합니다. 아무리 기술이 좋아도 기초가 다져지기도 전에 건물을 올리는 일은 위험하기 짝이 없는 일입니다. 어떤 일이든 좋은 결과를 만들기 위해서는 공정의 순서를 따라야 하고 시간을 축적해야 합니다. 아무리 바빠도 바늘허리에 실을 꿸 수는 없는 일입니다.

사람을 사귈 때도 마찬가지입니다. 빨리 달아오르면 빨리 식습니다. 사람을 사귀는 이유는 그 사람을 빨리 알기 위함이 아니라 좋은 사람을 좋은 친구로 만들기 위함입니다. 친구를 사귈 때나 연인을 만들 때도 마찬가지입니다.

취업이나 퇴직을 준비할 때도 마찬가지입니다. 빨리 취업하는 데만 집중하면 취업보다 더 중요한 가치를 놓치기 쉽습니다. 본인이 원하는 좋은 기업에 빨리 취업하는 게 가장 좋지만 이는 쉽지 않습니다. 빠른 퇴직이 좋을 수도 있지만 준비 없는 퇴직은 빠를수록 어려움만 가중됩니다. 내실 없는 달성은 더 큰 아쉬움만 남기게 됩니다. 남는 게 없는 성취는 더 큰 상처만 남기게 됩니다.

작은 이익을 탐하다
더 큰 것을 잃지 마라

소탐대실(小貪大失)은 '작은 이익을 보려다가 큰 손실을 본다'는 뜻입니다. 단기적인 이익에 눈이 멀어 장기적인 손해를 보는 상황을 의미합니다. 이는 작은 이익을 탐하려다 큰일을 이루지 못하는 견소리즉대사불성(見小利則大事不成)과 같은 뜻입니다.

시어머니와 며느리가 멀어지면 아들이 부모를 멀리하게 됩니다. 마음으론 멀리함을 꺼리면서도 몸으로는 왕래가 소원해지고 물리적인 거리가 멀어져 가면 심리적인 사이도 멀어지게 됩니다. 세상은 주는 대로 받습니다. 내가 적게 주는데 상대로부터 많이 받는 경우는 존재하지 않습니다. 그게 부모와 자식 사이건 부부간이건 마찬가지입니다.

서로가 소탐대실입니다. 작은 것을 지키려다 큰 걸 놓치게 됩니다. 자존심을 지키려다 부모를 잃고, 위엄을 지키려다 자식을 잃게 됩니다. 며느리는 일상의 편함을 지키려다 상속을 잃고, 시어머니는 체통을 지키려다 자식도 손주도 보기 어려운 상황을 맞이합니다.

상속에 눈이 멀면 부모, 형제자매를 멀리하게 됩니다. 1년 치 연봉도 되지 않은 상속에 30년 형제 관계가 부서집니다. 몇 퍼센트 더 달라고 애를 쓰다가 수십 년 묵은 갈등의 둑이 한 번에 무너집니다. 누가 늙은 부모님께 효도를 더 했는가를 따지다가 형제자매간에 보면 안 되는 감정의 깊은 골을 보게 됩니다. 그간 견고했던 형제자매간의 신뢰가 단 한 번에 무너지는 현실을 목격하게 됩니다.

작은 이익을 보려다가 돌이킬 수 없는 큰 손실을 보게 됩니다. 작은 이익을 위해서 마치 내일이 없는 듯 쏟아내는 형제자매간의 언사 때문에 이제껏 느끼지 못한 슬픔을 맛보게 됩니다.

한두 달 치 급여를 더 준다는 유혹에 '혹시' 하는 마음으로 잘 다니던 회사를 버리고 이직하기 시작하면 작은 유혹이 습관이 되기 쉽습니다. 직장인이 이직할 이유는 연봉을 제외해도 차고 넘치기 때문입니다. 직장인에게 직장은 자기만의 강점을 만들기에 최적의 장소였다는 사실을 이직과 전직을 하면 할수록 더 간절하게 느낍니다. 아무리 시대가 바뀌어도 메뚜기처럼 이직과 전직이 빈번해지면 자기만의 강점을 구축하기가 힘들어지기 때문입니다.

소탐대실이 적나라하게 밝혀지는 현장이 바로 직장입니다. 10년, 20년, 30년을 일하고서도 당당하게 내세울 만한 자기만의 강점이 구축되어 있지 않다면 그것만큼 큰 시간의 손실은 없기 때문입니다. 시간이 유일한 자산인 직장인이라면 더욱 그렇습니다.

한 달 교통비에도 미치지 못하는 작은 돈에 눈이 가려 10년, 20년 지기의 지인과 멀어지는 경우도 적지 않습니다. 그와의 사이에 돈만 얽히지 않는다면 간과 쓸개를 꺼내 줄 수 있을 것 같은 감정이 들어도 그 몇 푼의 돈이 끼면 상황이 180도 달라지는 경우가 많습니다. 한두 번은 대범하게 넘어가도 될 형편인데도 그게 어렵습니다. 몇만 원의 돈이 아까워서라기보다는 그것을 처리하는 방법과 상황이 더 커 보이기 때문입니다.

소탐대실은 늘 그런 핑계를 달고 나타납니다. 그래서 비슷한 상황에서도 사람을 잃고 사람을 얻는 원인이 됩니다. 무견소리(無見小利), 작은 이익을 보려 하지 말라는 공자의 가르침을 실천한다는 게 만만치 않음을 자주 느낍니다.

선거 때가 되면 호언장담하지만 그 끝이 흐지부지한 정치인이 많습니다. 조직에도 그런 리더들이 많습니다. 업무를 처음 맞을 때는 전임자를 비판하며 호기롭게 시작하지만 전임자보다도 더 초라한 모습으로 끝을 맺는 경우가 많습니다.

너무 서둘렀거나 작은 이익에 눈을 돌렸기 때문입니다. 자하가 정치에 관해 물었을 때 공자께서는 "서두르지 말고 작은 이익을 돌보지 말라"라는 조언이 지금도 유효한 이유입니다.

요산요수
樂山樂水

인생을 잡아 주는
두 개의 축

지식이 많고 사리에 밝은 사람을 지자라고 정의하지만 과연 공자가 말하는 지자는 어떤 사람이었을까요? 어떤 사람이길래 지자는 물을 좋아하고 활동적이며 즐거운 사람이라고 했을까요? 공자께서는 '최고의 지혜는 사람을 알아보는 능력'이라는 말을 《논어》 〈안연〉 22장에서 말했는데요. 사람을 제대로 볼 줄 아는 지식과 지혜가 있는 사람이 최고의 지자라는 뜻입니다. 공자는 열다섯에 학문에 뜻을 두고 호학으로 정진한 지 25년이 지난 나이 마흔 정도에 지자가 되었습니다.

나이 마흔을 흔들리지 않는 불혹이라고 한 이유도 여기에 있었습니다. 공자는 나이 마흔에 흔들리지 않는 지자불혹(知者不惑)이 되었습니다. 지자가 되어 세상의 유혹이나 미혹에 흔들리지 않는 지혜를 갖게 되었다는 의미인데요. 그러니 나이 마흔에 사람을 제대로 평가할 수 있는 지식과 지혜의 눈을 갖게 된 것이지요.

이는 예나 지금이나 매우 중요한 문제입니다. 나라에서 재상이나 총리, 장관을 잘못 선정하면 정치는 물론 나라의 안위까지도 흔들릴 수 있습니다. 자리에 사람을 앉히는 일이 그만큼 중요한 일이기에 인재의 속과 겉을 정확히 판별하고 판단할 수 있는 지자가 필요하지요. 지자의 경험과 지혜가 나라 경영에 무엇보다 중요한 일이기에 그렇습니다.

이는 국가도 기업도 개인도 마찬가지입니다. 기업에 어떤 인재가 들어가느냐에 따라 기업의 미래가 갈리고, 배우자로 어떤 사람을 선택하느냐에 따라 개인의 인생이 갈립니다. 그러니 지자는 국가에도 기업에도 가정에도 꼭 필요한 사람임이 틀림없습니다.

공자께서 말씀하셨다.
지자는 물을 좋아하고 인자는 산을 좋아한다. 지자는 동적이고 인자는 정적이다. 지자는 즐겁게 살고 인자는 오래 산다.
子曰 知者樂水 仁者樂山 知者動 仁者靜 知者樂 仁者壽

자왈 지자요수 인자요산 지자동 인자정 지자락 인자수

《논어》〈옹야〉 21장

물처럼 역동적으로
산처럼 안정적으로

'지식이 많은 사람, 지혜로운 사람은 물을 좋아한다'는 이 한마디에는 다양한 의미가 숨어 있습니다. 정보의 쓸모는 시시각각으로 변합니다. 특히 과학 기술의 발전으로 하루가 다르게 새로운 정보가 생산되고 새로운 지식이 만들어집니다. 현대의 지식은 역동적입니다. 마치 쉼 없이 흐르는 강물과도 같습니다. 태백시 황지연못의 작은 샘이 시내가 되고 한강이 되고 서쪽 바다가 됩니다. 새로운 지식이 기존 지식에 더해져 더 큰 지식이 되고 어제의 지식에 오늘의 정보가 모여 새로운 지식이 됩니다. 역동적인 물의 특징처럼 앎, 지식, 지혜, 그 지(知)의 세계가 물을 닮았음을 알 수 있습니다.

30대 초반의 공자가 주나라에 갔을 때 만난 노자도 상선약수(上善若水), "최상의 훌륭함이란 물과 같다"라고 했습니다.

최상의 훌륭함이란 물과 같다. 물은 만물을 이롭게 해 주면서도 다투지 않고 사람들이 싫어하는 낮은 곳에 머문다. 고로 도에 가깝다고 할 수 있다.

上善若水 水善利萬物而不爭 處衆人之所惡 故幾於道

상선약수 수선이만물이부쟁 처중인지소오 고기어도

《도덕경》8장

지자는 물을 좋아합니다.

물은 세상 만물에 생기를 주고 성장하게 하는 없어서는 안 될 자원입니다. 지식과 지혜가 그렇습니다. 사람의 성장과 발전에 없어서는 안 될 자원입니다. 물은 위에서 아래로 흐르면서 막히면 돌아가고 기꺼이 낮은 곳에 머뭅니다. 둥근 그릇에 담으면 둥근 모양으로, 네모난 그릇에 담으면 네모난 모양으로 변화에 능동적입니다. 어떤 조건에도 다툼이 없는 것이 물의 특징입니다.

지식인이 추구해야 할 모습을 물이 보여 줍니다. 지자는 물을 좋아하고 물의 특성을 닮은 사람입니다. 다른 사람을 이롭게 하고 어떠한 상황에도 능동적으로 대처하는 삶의 자세를 가지고 있는 사람이 진정한 지자입니다.

지식은 활동적인 물과 같다 할 수 있습니다. 새로운 것을 알기 좋아하는 지자와 늘 동적으로 움직이는 그 물의 특성이 서로 닮았습니다. 사리에 통달하여 막힘이 없는 지자의 모습이 물을 닮았습니다. 새로운 지식을 배우고 익힘에 즐겁고 행복한 모습을 보이기에 활동적이고 적극적인 지자의 삶은 즐거울 수밖에 없다 한 것입니다.

'마음이 어진 사람'을 의미하는 인자에는 다양한 뜻이 들어 있습니다. 인은 두 사람의 관계에서 만들어지는 마음에 관한 문제인데요. 두 사람이 함께할 때 서로 이해하고 사랑하고 포용하는 그런 좋은 마음을 말합니다.

세상의 관계는 두 사람부터 시작됩니다. 나와 아내, 나와 남편, 나와 부모, 나와 자식, 나와 친구, 나와 연인, 나와 스승, 나와 제자, 나와 고객, 나와 상사, 나와 부하, 나와 이웃, 나와 동료, 나와 국가까지도 나의 입장으로 보면 모두 둘 간의 문제입니다. 그둘 사이에 서로 이해하고 사랑하고 용서하고 배려하고 포용하는 마음을 가지고 있다면 그가 바로 인자입니다.

그런데 그게 쉬운 일이 아닙니다. 둘이 모였을 때 인의 마음이 계속 유지되기가 어렵기 때문입니다. 사랑으로 맺어진 부부도 어려운 현실을 맞닥뜨리면 깨어지기 쉽고, 천명으로 맺어진 부모 자식 사이도 늘 좋은 마음으로 유지되기가 어렵습니다. 그러니 친구 사이에 아름다운 우정이 계속 유지되는 것도 여간 어려운 일이 아닙니다. 하물며 일을 사이에 두고 서로 필요해서 맺어진 상사와 부하 관계는 더 말할 여지도 없습니다.

인의 관계가 어려운 건 군이 성악설을 주장한 전국 시대 순자를 꺼내지 않더라도 우리는 너무 잘 알고 있습니다. 사람들은 모두 생각이 다르고 원하는 바가 다르기 때문입니다. 누구나 더 편하고 싶고 더 풍족해지고 싶고 더 인정받고 싶고 더 부리면서 더

누리고 싶기 때문입니다. 그런데 그게 마음대로 되지 않으니 자기보다 상대를 탓하면서 오해와 갈등과 미움과 이별과 싸움과 전쟁이 발생합니다.

그러니 인자는 집에서도 조직에서도 사회나 국가에서도 꼭 필요한 존재가 아닐 수 없습니다. 가정이 편안하고 조직이 잘 운영되고 사회나 국가가 발전하는 데 필수적인 요소가 아닐 수 없습니다. 기업에 어떤 인한 인재가 들어가느냐에 따라 기업의 미래가 갈리고, 배우자로 어떤 인한 사람을 선택하느냐에 따라 개인의 인생도 갈립니다. 그러니 인자는 국가에도 기업에도 가정에도 꼭 필요한 사람임이 틀림없습니다.

인자는 산을 좋아합니다.

어진 사람의 마음이 산을 닮았다고 공자는 말합니다. 산은 많은 것을 담고 있지만 고요하고 흔들림이 없이 아주 오랫동안 거기에 있습니다. 인자는 그런 산과 그런 자신을 좋아합니다. 인자는 산처럼 고요하고 인자는 산처럼 많은 이에게 오랫동안 좋은 영향을 줍니다. 하루아침에 만들어진 산이 없고 하루아침에 사라지는 산도 없습니다. 인자의 마음이 그렇습니다.

자식을 사랑하는 부모의 변치 않는 마음이 인자의 마음입니다. 용서하기 어려운 사람을 용서하는 마음이 인자의 마음입니다. 용서받는 느낌도 행복하지만 용서하는 마음은 더 편안합니다. 행복하고 편안한 사람이 더 건강해지는 것은 당연한 일입니다. 우리의 아버지, 어머니가 산이었습니다. 우리의 선생님이 산이었습니다. 나의 남편, 나의 아내가 서로에게 산이었다는 것을 세월이 가면 알게 됩니다.

공자의 제자 중 대표적인 지자는 자공이었습니다. 자공은 탁월한 외교가, 유세가, 사업가였습니다. 자공의 외교력에 노나라가 보존되고 제나라가 혼란에 빠졌으며 오나라는 분열되고 월나라는 패주가 되었다는 기록이 있습니다. 자공은 지혜로웠기에 노나라와 위나라에서 재상을 지냈고, 재산이 천만금에 이르렀다고 합니다.

공자의 제자 중 대표적인 인자는 안회였습니다. 학문과 덕이 특히 높아 공자도 그를 가리켜 학문을 좋아하는 사람이라고 칭송하였고, 가난한 생활을 이겨 내고 도(道)를 즐긴 것을 칭찬하였습니다. 덕행이 뛰어난 인자의 전형이었습니다. 사람을 사랑하고 용서하는 마음을 가진 공자 제일의 제자였습니다.

인생의 기준이 모호할 때 필요한 두 가지 기준이 있다면 그것은 바로 지자와 인자입니다. 지혜로운 사람, 지적 활동을 좋아하는 사람은 인생이 즐겁습니다. 인자함으로 사람을 사랑하는 사람은 편한 마음으로 살기에 오래 삽니다.

직장 생활도 이와 비슷합니다. 직장 생활의 전반전은 지자의 삶이 더 어울립니다. 빠른 변화에 따른 학습과 함께 활동적으로 사원, 대리, 과장 시절을 보내야 실력과 함께 강점을 갖춰서 조직에서 더 인정받는 사람이 됩니다. 민감하게 움직이는 모습이 바로 지자의 모습이며 리더의 모습입니다. 쉼 없는 강물처럼 새로운 기술과 지식을 가까이하는 활동적인 삶은 직장 생활의 전반전을 즐겁게 만듭니다.

직장 생활의 후반전은 인자의 삶이 더 어울립니다. 산 같은 포용의 마음으로 직원들을 감싸 주고 사랑으로 이끌어 주면 조직에서의 장기 근속은 당연한 결과가 될 것입니다.

인생도 이와 비슷합니다. 인생 전반은 지자의 삶이 더 어울립니다. 우리의 삶이 누구나 다 한 번뿐이기에, 불안정하고 흔들리기에 기준이 필요합니다. 그러니 인생의 전반전은 일을 중심으로 더 활동적으로 더 도전적으로 더 열정적으로 힘찬 강물처럼 살아 본다면 후회가 적을 것입니다.

인생 후반은 인자의 삶이 더 어울립니다. 격한 인생의 전반과는 다른 더 편안하고 더 안정적이며 더 사랑스러운 삶을 살아 보기 위해서라도 그렇습니다. 더 용서하고 더 사랑하고 더 이해하는 삶이 바로 인자의 삶이기에 그렇습니다.

불여학야
不如學也

인생은《논어》를
읽기 전과 읽은 후로 나뉜다

　일없이 지내다 보면 직장이 의외로 행복의 큰 일부임을 깨닫는 순간들도 있습니다. 하지만 막상 사람들과 부딪치며 스트레스를 받다 보면 아무리 연봉이 높아도 그 자체가 행복의 전부는 아니라는 걸 실감합니다. 그래서 많은 직장인이 스트레스 없는 세상을 꿈꾸며 자신의 사업을 로망으로 삼곤 합니다.

　하지만 그 꿈을 이루는 길은 험난하기만 합니다. 직장인은 스트레스에 치이고 사업가는 밥 먹을 시간조차 없이 뛰어야 하니 이러지도 저러지도 못하는 현실 속에서 답답함이 깊어 갑니다. 직장인은 회사를 떠나고 싶어 하고 사업가는 사업을 접고 싶어

합니다. 이 벗어나기 힘든 현실의 순환 고리에서 해답을 찾기란 쉬운 일이 아니지만 고전의 지혜를 빌리자면 《논어》는 이렇게 말합니다.

> 내 일찍이 낮에는 먹지도 못하고 밤에는 잠도 못하면서 생각해 보았으나 도움되는 게 없었다. 배우는 것만 못했다.
> 吾嘗 終日不食 終夜不寢 以思無益 不如學也
> 오상 종일불식 종야불침 이사무익 불여학야
>
> 《논어》 〈위령공〉 30장

전국 시대로 향해 가는 혼란의 춘추 시대 말기를 살다 간 공자는 그 시대의 고민과 갈등을 이렇게 털어놓았습니다. 낮에는 밥맛도 없고 밤에는 잠을 이루지 못할 정도로 깊은 고민에 빠져들었던 그의 모습이 그려집니다. 그토록 어려운 현실을 이겨 내기 위해 밤낮으로 생각을 거듭했지만 아무리 고민해도 생각만으로는 해결책이 보이지 않았습니다.

결국 공자는 이렇게 고백합니다. 그에게 해결의 손길을 내민 것은 다름 아닌 배움이었다고 말입니다.

사실 2,500년 전의 근심 걱정이나 현대의 갈등 고민이나 크게 다르지 않습니다. 지위가 높든 낮든, 돈이 많든 적든 걱정이 있습니다. 누구나 자기 걱정이 가장 크고 심각한 문제입니다. 밥을 먹어도 밥맛이 없고 뜬눈으로 긴 밤 지새며 삶의 문제를 고민하는 사람들이 너무 많습니다. 상사와의 갈등, 고객과의 마찰, 시간과의 싸움, 건강 문제, 이직, 전직, 퇴직, 사업, 폐업이 꼬리에 꼬리를 물며 힘들게 하지만 명쾌한 답을 얻기가 힘듭니다.

월급쟁이만 힘든 게 아닙니다. 자영 사업가만 힘든 게 아닙니다. 1인 기업가든 10인 기업가든 1,000인 기업가든 가정주부든 워킹맘이든 고민하지 않는 사람이 없습니다. 겉으로는 행복한 나날을 편안하게 보내는 것같이 보이는 사람들도 실은 하루하루 힘들게 보내는 경우가 너무 많습니다.

대표적인 로맨티스트라 불릴 만한 차인표 배우의 아내인 신애라 배우가 TV 오락 프로그램에 출연해서 삶의 지혜를 하나만 알려 달라고 질문하는 후배에게 이렇게 말했습니다.

"하루하루 그냥 참아 내는 거예요. 하루를 견디고 버티면 또 하루가 지나가요. 인생은 한 끗 차이라고 생각해요. 특별해서가 아니라 하루하루 참아 내다 보면 그게 쌓여 30년이 되는 거예요."

마치 신데렐라처럼 살고 있을 것 같았던 그녀의 입에서 하루하루 버틴다는 말을 들었을 때 사람의 삶이란 누구나 크게 다르지 않음을 한 번 더 확인할 수 있었습니다.

그런데 2,500년 전 공자께서 제시한 대안은 뜬금없게도 '학(學)' 배움이었습니다. 직장인도 자영 사업가도 경영인도 마찬가지입니다. 그러니 다니던 회사를 때려치우는 것도 우선 배움이 먼저 있은 다음이어야 합니다. 하던 사업을 때려치우는 용기도 우선 배움이 있은 다음이어야 합니다.

마흔과 오십 사이
낡은 인생을 바꾸어야 할 때

40대 중반에 20년을 다닌 회사를 나올 때 저는 꽤 자신이 있었습니다. 대기업에서 20년을 버텨 냈다면 그 어떤 일도 할 수 있지 않을까 생각했습니다. 20년의 능력과 경력이면 어디서든 환영받을 줄 알았습니다. 이제 더는 만나고 싶지 않은 사람들과 가고 싶지 않은 장소에서 이른 아침부터 인상을 구기지 않아도 될 줄 알았습니다.

하지만 그것은 착각이었습니다. 세상 모르는 만용이었습니다. 배움의 갈급함을 그때처럼 느낀 적이 없습니다. 퇴직하고 회사의 명함이 없으니 내가 나를 증명하기가 너무 어려웠습니다. 명함이 사라지니 세상에서 저를 인정해 주는 건 20년 전에 받은 낡은 졸업장이 다였습니다.

문제는 그 낡은 졸업장을 가지고 할 수 있는 일이 거의 없다는 것이었습니다. 세상이 빠르게 변했는데 20년 전에 받은 그 알량

한 졸업장을 아직도 쓸 수 있을지도 모른다는 아둔함에 머리가 아찔해지는 순간이었습니다. 바쁘다는 핑계로 직장 생활 20년 동안 20권의 책도 제대로 읽지 못한 제가 시간의 보복을 맞이하는 순간이었습니다.

퇴직 후 현실감 제로인 상태에서 다시 시작했습니다. 하고 싶은 일을 정하니 하고 싶은 공부가 생겼습니다. 조금은 막연했지만 낮에는 컨설팅 회사를 경영하면서 밤에는 석사, 박사 과정을 밟았습니다. 사업과 공부를 병행함에 시간은 두 배나 더 효율적으로 써야 했습니다. 학위를 마치니 대학에서 주말 과정의 강의를 맡게 되었습니다. 주중에는 본업을 하고 주말에는 강의를 몇 년간 진행하면서 강의 기술이 조금씩 개선되었습니다.

그때부터 책을 쓰기 시작했습니다. 저에게는 책 쓰기가 공부였습니다. 시간 관리에 관한 책을 쓰면서 시간 관리에 관한 책을 읽게 되고 책이 출간되면 어느덧 시간 관리 전문가가 되었습니다. 《논어》 책을 쓰면서 다양한 《논어》 책을 읽게 되고 《논어》 책이 출간되면서 어느덧 《논어》 전문가로 불리게 되었습니다. 1권의 책을 쓰면서 10권의 책을 읽게 되고 100개의 자료를 찾아보게 되며 1,000번을 넘게 생각해 보게 됩니다. 아무리 고민하고 생각하고 또 생각해 봐도 한 권의 책을 더 읽어 보는 게 더 현실적이라는 걸 퇴직 후 지난 20년을 보내면서 깨달았습니다.

첫 번째 직업을 가지기 위한 고등학교, 대학교 기간의 고민과 학습도 쉬운 일은 아니었지만, 인생 후반에 하고 싶은 일을 하기 위해 준비한 퇴직 후 20여 년의 시간도 결코 만만한 일이 아니었습니다. 인생 전반을 타인의 의지대로 움직였다면 인생 후반은 자신의 의지에 의한 의도였다고 말할 수 있습니다. 부모의 의도대로 하는 공부든 자신의 의지대로 하는 공부든 공자의 말처럼 배움이 인생을 바꾸는 것이지, 의지나 생각만으로는 우리의 인생이 바뀌지 않음을 알 것만 같습니다.

인생을 멀리 길게 볼수록 배움만 한 것이 없다

처음부터 100권을 정해 놓고 읽은 건 아니지만 어느 시점 되돌아보니 저는 《논어》 관련 100여 권의 책을 읽고 있었습니다. 단순히 읽기만 한 책도 있지만 대부분은 반복해서 읽었습니다. 시간이 지나니 책장에 《논어》 책이 쌓였습니다. 어떤 책은 곁에 두고 읽기를 반복했습니다. 쓰기를 반복한 책도 적지 않습니다. 읽으면 쓰게 되고 쓰면 외우게 됩니다. 아무리 외워도 시간이 지나면 대부분 잊어버리지만 그래도 상관없습니다.

100권의 책을 읽고 쓰고 정리하니 인생이 바뀌었습니다. 《논어》 책을 읽고 쓰고 정리하니 저도 《논어》 책을 출간하게 되고 한 권 두 권 더해지면서 《논어》 강연을 하게 되었습니다. 강연 수입이 본업 수입을 넘으면 본업을 정리하겠다고 했던 자신과의 약속을 어느덧 지킬 수 있게 되었습니다. 불여학야(不如學也), 배움만 한 게 없다는 《논어》 문장이 빛을 보는 순간이었습니다.

꼭 학교가 아니더라도 혹은 학위가 따라오는 교육이 아니더라도 배움은 여러 곳에서 다양한 방법으로 가능합니다. 자격증을 따는 학습이 아니더라도 가능합니다. 내가 좋아하는 일이라면 그 어떤 분야라도 가능합니다. 100권의 책을 읽기만 해도 가능한 일임을 알았습니다. 지천명이 넘어서 시작해도 할 수 있는 일이었습니다.

100권의 책을 읽는 일이 단기간에는 쉬운 일이 아니지만, 10년 이라면 그리 어려운 일도 아닙니다. 100권의 책을 읽는 일이 쉬운 일이 아니지만, 스트레스를 참아 내며 장기근속하는 직장 일에 비한다면 그리 어려운 일도 아닙니다. 100권의 책을 읽는 일이 쉬운 일이 아니지만, 온갖 갈등을 참아 내며 속을 썩는 사업에 비한다면 그리 어려운 일도 아닙니다.

공자께서 제자에게 이른 이 '불여학야'가 틀리지 않는다면 이는 누구나 적용해 볼 만한 일이 분명합니다. 학습의 결과를 빨리 보고 싶다면 시간과 돈을 더 들이고, 학습의 결과를 천천히 봐도 된다면 시간과 돈을 적게 들이면서 진행해도 됩니다.

본업을 하면서 공부나 독서를 할 수 있는 상황이라면 이보다 더 좋을 수는 없습니다. 본업을 하면서 공부나 독서를 할 수 없는 상황이라면 '언제까지 이렇게 살 것인가'를 자주 생각해 봐야 합니다. 우리의 인생을 생각해 본다면 배움보다 독서보다 100권의 책보다 더 좋은 것은 그리 많아 보이지 않습니다.

인생을 바꾸는 프로젝트가 있다면 그것은 역시 학(學)입니다. 아이들의 공부도 중요하지만, 어른들의 공부 그게 학(學)이라는 느낌을 지울 수가 없습니다. 지금까지는 잘되면 내가 잘해서였고 못되면 조상을 탓했지만, 이제부터는 잘해도 내 탓 못해도 내 탓이기 때문입니다.

인생길을 바꾸는 논어 30수
마흔과 오십 사이

© 최종엽 2024

인쇄일 2024년 10월 7일
발행일 2024년 10월 14일

지은이 최종엽
펴낸이 유경민 노종한
책임편집 이현정
기획편집 유노북스 이현정 조혜진 권혜지 정현석 **유노라이프** 권순범 구혜진 **유노책주** 김세민 이지윤
기획마케팅 1팀 우현권 이상운 **2팀** 이선영 김승혜 최예은
디자인 남다희 홍진기 허정수
기획관리 차은영
펴낸곳 유노콘텐츠그룹 주식회사
법인등록번호 110111-8138128
주소 서울시 마포구 월드컵로20길 5, 4층
전화 02-323-7763 **팩스** 02-323-7764 **이메일** info@uknowbooks.com

ISBN 979-11-7183-057-2 (03190)